AF364936

Collana

CIVES

a cura di
Gianni Marilotti

Cossiga e l'alfabeto con la K
di Anthony Muroni
prima edizione: novembre 2020
© 2020, Santelli editore

Gruppo Editoriale Santelli

Santelli editore
dal 1987
Viale Giacomo Mancini 236,
87100 Cosenza
0984.406939
info@santellieditore.it
www.santellieditore.it

collana Cives

a cura di Gianni Marilotti

Anthony Muroni

COSSIGA

E L'ALFABETO CON LA K

Prefazione

di

Paolo Savona

Nel decennale della scomparsa di Francesco Cossiga, uno dei più intelligenti politici del dopoguerra, capace di percorrere nell'arco di mezzo secolo tutte le principali tappe delle istituzioni democratiche italiane fino alla Presidenza della Repubblica, è opportuno rileggerne l'esperienza politica e umana.

Giurista raffinato, dotato di una prodigiosa memoria, aveva una straordinaria capacità di elaborare le informazioni che raccoglieva incessantemente nel corso di incontri o telefonate quotidiane con i vertici della politica e dello Stato e studiosi di diversa estrazione.

Era una vera e propria "macchina per pensare".

Mai coinvolto in scandali finanziari, quando questi investirono i vertici dei Partiti rifiutò di delegare alla Magistratura, che considerava composta da uomini non immuni dai vizi come tutti, il compito di giudicare il comportamento della politica e rivendicò il diritto del Parlamento a giudicare la vicenda di Tangentopoli come essa giudica i propri. L'anno dopo la fine del suo mandato di Presidente della Repubblica tenne alla Columbia University di New York una lezione sul tema delle origini della corruzione in Italia, indicando con argomenti raffinati che la soluzione andava cercata nella "Grande confessione".

Ne suggerisco la lettura, non avendo perso di attualità.

Insegnava il rispetto delle istituzioni, ma rivendicava il diritto alla loro critica, che esercitava in modo instancabile. Con un Messaggio presidenziale alle Camere del giugno 1991, argomentò che la Costituzione del 1948 era frutto dei tempi in cui fu ideata, ma inadatta a rappresentare quelli conseguenti alla fine della divisione in blocchi del mondo. Egli avvertì che fossero venuti meno per l'Italia i vantaggi dell'appartenenza all'area occidentale e perciò dovesse porre rimedio alle sue disfunzioni per fronteggiare la durezza dell'incombente ampliamento della competizione globale.

Coloro che gli erano più vicini e beneficiarono dei suoi insegnamenti continuano a chiedermi che cosa direbbe Cossiga nelle attuali circostante.

Ritengo questo un quesito mal rivolto, perché la risposta spetta a noi, suoi allievi, se Egli ha lasciato traccia nella nostra formazione del dovere di criticare istituzioni e politiche senza temere le reazioni anche più acerbe, che lui stesso patì.

Perciò insisto nel chiedere una nuova architettura istituzionale per correggere i difetti esistenti e affrontare la sfida delle innovazioni tecnologiche e dei mutamenti geopolitici che incalzano.

Nel messaggio alle Camere sull'entrata dell'Italia nell'euro sostenne che le imprese private erano pronte ad affrontare la perdita di sovranità monetaria, ma forse non lo era la Pubblica Amministrazione.

Forse, il forse è di troppo.

Ci sono ottime eccezioni, ma queste stesse patiscono l'organizzazione arcaica nella quale i più si dibattono o guazzano, tanto da essere il vero ostacolo al progresso del Paese.

Finché la governance della Pubblica amministrazione non seguirà le regole delle imprese è inutile illuderci che lo Stato possa funzionare.

Introduzione

Dieci anni dopo la scomparsa, Francesco Cossiga rimane un personaggio presente nella politica italiana, più di quel che si creda.

Restano, irrisolte, le questioni di assetto istituzionale da lui denunciate all'inizio degli anni '90, così come ancora controversie si registrano sul segreto di Stato a proposito degli anni in cui stragismo rosso e nero insanguinarono l'Italia, sull'autogoverno della magistratura e sull'evoluzione politica seguita alla caduta del Muro di Berlino.

Per raccontare un uomo pubblico complesso come l'ex presidente della Repubblica sardo, la cui figura mi ha sempre affascinato sin dalla gioventù, ho scelto di utilizzare una formula originale.

Far iniziare i 21 capitoli con ognuna delle lettere dell'alfabeto è servito a spaziare su un'esperienza politica durata 60 anni. Senza seguire un apparente filo logico ho cercato di raccontare fatti, dichiarazioni, successi e sconfitte di un personaggio affacciatosi sulla scena nell'immediato dopoguerra, vivendo da protagonista tante stagioni della politica italiana.

Utilizzando una scansione propria del dizionario ho anche cercato di dimostrare che non ci fossero zone intangibili o questioni non ascrivibili alla sfera degli interessi e delle azioni di uno dei presidenti più controversi della storia della Repubblica. Amato e odiato, temuto e rispettato.

Questo sussidiario di politica può essere definito anche una raccolta di 21 diversi articoli dedicati ad altrettanti aspetti dell'esperienza pubblica di Francesco Cossiga.

Scrivere articoli è il mio mestiere, l'unico che ho sognato fin da piccolo e il solo che mi dà felicità. E, dunque, capirete quanto per me sia stato appagante farlo dedicandomi alla ricerca e allo studio di un personaggio che, al di là del bene e del male, non può che essere definito affascinante.

Se ci sta guardando, presidente Cossiga, dedichi a me e ai lettori un sorriso beffardo e una caustica battuta.

Capitolo 1
Analfabeta di ritorno

"Sapete perché vale la pena fare il presidente della Repubblica? Per poter fare, poi, l'ex presidente della Repubblica. C'è da divertirsi un mondo, dovreste provare". Francesco Cossiga amava le iperboli e, quand'era veramente in forma, le declinava scrutando da sotto gli occhiali, portando la mano destra ora alla stanghetta, ora a disegnare un piccolissimo cerchio nell'aria. Sul viso stampava un sorriso beffardo e, autorevolmente, allungava la mano ad afferrare il braccio dell'interlocutore. Quasi a mettere in chiaro, già col linguaggio del corpo, chi dovesse parlare e chi aveva invece il compito di ascoltare, annuire e tramandare.

L'uomo pubblico Francesco Cossiga è stato molte cose: il sottosegretario alla Difesa che più ha fatto per rafforzare i sistemi di sicurezza dello Stato, lavorando a stretto contatto con gli altri governi della Nato, il più giovane ministro degli Interni, il più giovane Presidente del Consiglio, la più giovane guida del Senato e il più giovane capo dello Stato.

È innegabile, tuttavia, il fatto che abbia iniziato a diventare veramente popolare quando, negli ultimi due anni del suo settennato, tra il 1990 e il 1992, è diventato il grande esternatore. Qualche giornalista – in maniera efficace – ha avuto la buona idea di dipingerlo con in mano un piccone, intento a demolire le fondamenta di una prima Repubblica che, in verità, stava affondando già di suo e per ragioni molteplici.

C'erano le inchieste giudiziarie che, all'improvviso, scoprivano il malaffare dentro l'apparato pubblico e quanto inquinato fosse il rapporto tra la politica e il mondo dell'imprenditoria. E poi gli equilibri internazionali che mutavano e portavano al repentino disfacimento del blocco sovietico, e al prendere corpo di un piano di riorganizzazione della finanza internazionale, con una embrionale spinta verso la globalizzazione e l'ipotesi di un mercato europeo che doveva diventare interlocutore unico degli Stati Uniti.

Per concretizzare quest'ultimo punto occorreva che i governi riprendessero il controllo dei propri conti pubblici, dopo anni di finanza allegra.

Mentre la classe dirigente politica – quella che aveva guidato la Repubblica per quasi mezzo secolo, senza possibilità di alternanza, in ossequio agli equilibri occidentali – crollava sotto i colpi dei magistrati, si iniziava a parlare di manovre "lacrime e sangue".

La prima sarebbe arrivata nel 1992, con Giuliano Amato al governo, seguito l'anno successivo da Carlo Azeglio Ciampi. Un tecnico preso in prestito dal sistema istituzionalfinanziario-bancario per fare riforme impopolari: corsi e ricorsi della piccola storia d'Italia.

È in questo pre-contesto che, a cavallo tra il 1990 e il 1991, Cossiga inaugura l'irrituale stagione delle esternazioni che arrivano dal Colle. Dopo cinque anni di silenzi e noiose cerimonie, di rapporti quasi notarili col Parlamento e le altre istituzioni, il presidente improvvisamente entra in rotta di collisione con tutti: il suo partito di provenienza (la Dc) e gli altri che sostengono il governo Andreotti (Pri, Pli e Psdi, ad eccezione del Psi del suo momentaneo alleato Craxi), il Pds di Occhetto e Violante, il nuovo fenomeno leghista di Bossi e Miglio, parte della magistratura, da lui definita "militante".

In realtà, il titolo di questo capitolo è solo esplicativo di una delle molteplici sfaccettature della complicata figura politica e personale di Cossiga. Quanto sapeva essere gentile e ossequioso in privato, l'allora capo dello Stato risultava sgradevole nei momenti di contesa verbale. Quando c'era da combattere, ogni mezzo era buono. E pazienza se l'avversario di turno ne usciva annichilito. L'essere sopra le righe divenne una costante, anche per colpa (o merito) delle reazioni dell'opinione pubblica.

Il mondo dei moderati – quello che si sentiva alternativo alla galassia dell'ex Pci (appena diventato Pds), lo stesso che si identificherà appena un paio di anni dopo nel progetto berlusconiano – accoglieva quelle esternazioni con entusiasmo. Le assecondava, le aspettava, le incentivava.

E Cossiga iniziava quasi ad affezionarsi a questo suo personaggio, invero un po' innaturale per un politico che fino   ad allora si era distinto per parlare – soprattutto nelle occasioni pubbliche – più che altro in "politichese".

Lo spirito della "cionfra" sassarese, respirato in gioventù, sembrava quasi essersi impadronito dell'uomo che tutti speravano di riuscire a intervistare. Quei desideri erano assecondati sempre più spesso, visto che il presidente non disdegnava di uscire dal Quirinale e di concedersi ai capannelli di cronisti che lo aspettavano, alla ricerca di una battuta al vetriolo sulla quale costruire un titolo e un pezzo da 4 mila battute.

È in questo quadro che il povero Michele Zolla, democristiano di Novara, di stretta fede scalfariana (intesa come devozione al conterraneo e compagno di partito Oscar Luigi Scalfaro, in quegli anni politicamente distante dal presidente Cossiga), allora vicepresidente della Camera, si guadagnò il poco simpatico, ma efficacissimo appellativo di "analfabeta di ritorno".

In quella legislatura, formatasi con le elezioni del 1987, presidente della Camera era Nilde Iotti, a lungo la compagna dello storico leader comunista Palmiro Togliatti. Per capire la portata dei suoi rapporti con Cossiga è sufficiente ricordare un passaggio che dovrebbe essere presente in tutti i manuali di politica che fanno riferimento alla storia della Repubblica. Proprio nel 1987, anno nel quale terminava il secondo governo Craxi e Amintore Fanfani guidava un esecutivo "balneare" (da aprile a luglio), durante la lunga crisi di governo che anticipa le elezioni che porteranno a Palazzo Chigi il Dc Giovanni Goria, l'allora capo dello Stato decise di affidare un mandato "esplorativo" proprio alla Iotti.

A lei chiese di verificare quali fossero i margini di manovra nei due rami del Parlamento, secondo le indicazioni dei partiti. Un lavoro di semplificazione affinché il Quirinale potesse avere tutti gli elementi prima di assumere successive decisioni.

Due novità in un colpo solo: una donna, per di più comunista, che poteva fregiarsi del titolo di "presidente del Consiglio", ancorché incaricato. Un atto perlopiù simbolico, vista la natura istituzionale del mandato. Simbolico ma significativo della mentalità di Cossiga, che ancor prima di diventare esternatore si faceva dissacratore di collaudate consuetudini.

La sua stima per Nilde Iotti non gli impedì, entrato nella fase-due del suo settennato, di aprire vibranti polemiche anche con lei. Accadde nello stesso giorno in cui si innescò la diatriba con l'allora pressoché sconosciuto Michele Zolla, ribattezzato "analfabeta di ritorno".

Erano i giorni delle polemiche seguite al referendum sulla preferenza unica, promosso – tra gli altri – dal democristiano Mario Segni, dal pidiessino Achille Occhetto e dal repubblicano Oscar Mammì e contro il quale si erano schierati in maniera aperta il socialista Bettino Craxi (che da tempo lavorava, in sostanziale, ma non organico accordo con lo stesso Cossiga, a una riforma in senso presidenziale) e il missino Gianfranco Fini.

Cossiga si era convinto che una parte della Democrazia Cristiana, in accordo col Pds, volesse interpretare – come poi realmente accadde – il risultato del referendum per varare una nuova legge elettorale maggioritaria. Questo – sempre secondo quanto da lui sostenuto – per perpetuare il dominio della Dc sulla maggioranza (fermando l'ascesa dei socialisti e dei partiti laici) e del Pds sulla minoranza.

Se ne era convinto così tanto da arrivare a minacciare lo scioglimento delle Camere, in caso di varo di una legge che – a suo avviso – sarebbe stata incostituzionale. E sulla quale avrebbe potuto quindi esercitare il diritto di veto.

Le dichiarazioni del capo dello Stato avevano – com'era ovvio attendersi – sollevato un putiferio. E il presidente della Camera aveva fissato un dibattito affinché l'Aula potesse esprimersi su quelle valutazioni che – innegabilmente – sapevano di intimidazione. E che, per la prima volta, ponevano il sistema di fronte a un ruolo da protagonista giocato dal Quirinale. Un ruolo, secondo Cossiga, "di guida, controllo e indirizzo", che era nelle prerogative assegnate al capo dello Stato dalla Costituzione.

Per aggiungere ancora un po' di sale a una pietanza che era già fin troppo saporita, alla vigilia del dibattito in Parlamento Cossiga rese noto il testo di una lettera da lui indirizzata alla presidente della Camera, rilasciando contestualmente una durissima intervista a "Il Giornale", diretto da Indro Montanelli: "La signora Iotti deve convincersi che il tempo del Cln, il tempo dell'arco costituzionale, quando nulla si poteva fare se non con l'accordo di tutti, maggioranza e comunisti, è finito per sempre. Non mi meraviglierebbe che una parte della Dc si unisse agli ex comunisti nel criticarmi. Ma è mia facoltà sciogliere il Parlamento. Come atto sanzionatorio, per citare un caso. Ma anche sulla base di una valutazione squisitamente politica. Se, per esempio, le Camere leggessero in modo diverso dal mio il senso del referendum: gli elettori che l'altra domenica hanno abrogato le preferenze non chiedono una legge elettorale maggioritaria, come quella a cui pensano una parte della Dc, ad esclusione di Forlani, e il Pds".

Un'intervista per certi versi esplosiva e da qualcuno definita eversiva, dalla quale arrivava una nuova dose di pesci in faccia "presidenziali", riservata anche alla donna che proprio in quei giorni festeggiava i suoi dodici anni alla guida dell'assemblea di Montecitorio.

La Iotti non replicò. A esporsi era stato il suo vice: Michele Zolla, appunto. "Mi auguro che non vi farete influenzare da quell'analfabeta di ritorno che è l'onorevole Zolla – scrisse, allora, Cossiga ai deputati – dico di ritorno perché per tanti anni è stato al fianco di quella degnissima persona che è l'onorevole Scalfaro".

Con la Dc era ormai guerra aperta, se l'ex presidente del Consiglio Ciriaco De Mita (altro sempiterno rivale del "picconatore") arrivò a schierarsi senza esitazioni con Nilde Iotti: "È brava, anzi bravissima, e a tutti converrebbe essere bravi come lei". Zolla scelse di non voler replicare: "Quando la polemica scende a questi livelli, che dire? Ognuno ha il suo stile", mentre il suo capo-corrente Oscar Luigi Scalfaro (scomparso proprio nelle ore in cui questo libro prende forma), chiamato in causa da Cossiga, sottolineò "di non aver bisogno di confermare la totale e motivata stima nei confronti dell'onorevole Zolla".

Sempre in quell'occasione, Cossiga non risparmiò nemmeno il suo amico Giulio Andreotti, che guidava il suo sesto o settimo governo (c'è di che perdere il conto): al presidente del Consiglio il capo dello Stato ripeté che, in caso di conflitto con Palazzo Chigi sulla decisione di sciogliere le Camere, sarebbe stato il governo a doversi dimettere. Avvertì così Andreotti di stare attento a evitare un contenzioso che, aggravandosi, avrebbe rischiato di trasformarsi in una grave crisi istituzionale.

Lotta dura, senza paura.

Francesco Antonio Maurizio Secondo Cossiga era nato a Sassari il 26 luglio del 1928, sotto il segno – infuocato – del Leone. Ed era dunque portatore, sin da quel caldo e lontano giorno, delle caratteristiche proprie di quel particolare segno: generosità e forte istinto paterno. Per avere conferma di quest'ultimo aspetto, tutt'altro che pubblico, bisognerebbe chiedere conferma ad Anna e Peppino Cossiga.

Sugli altri restano pochi dubbi, quasi che le caratteristiche da assegnare ai Leoni siano state ritagliate su misura attorno a quella figura così discussa eppure così preponderante: si parla di egocentrismo, attitudine ad assumere posizioni di guida, o addirittura di comando, nella società e nella famiglia; del bisogno di essere ammirati e della naturale attrazione per il mondo dello spettacolo, senza scordare l'irascibilità, la sicurezza di sé e il temperamento passionale.

I nati sotto il segno del Leone dovrebbero essere nemici degli Acquario. Per capire se il presidente sfuggisse o meno a questa regola (che, a onor del vero e fuori dallo scherzo, è naturalmente stocastica) bisogna chiedere a Luca Palamara, segretario dell'Associazione nazionale magistrati, uno degli ultimi bersagli delle invettive dell'irrequieto senatore a vita.

Nato ai primi di febbraio del 1969 (Acquario verace), il giovane magistrato napoletano passerà alla piccola storia della televisione italiana per essere stato bersaglio di un'aggressione verbale che risultò così violenta da mettere in imbarazzo la conduttrice di Sky (e nota giornalista del Corriere della Sera) Maria Latella.

Durante un talk politico del pomeriggio – erano le 15 e 49 del 17 gennaio 2008 – Cossiga intervenne a ruota libera nel dibattito incentrato sulle dimissioni del ministro della Giustizia Clemente Mastella.

Quest'ultimo aveva gettato la spugna dopo un appassionato discorso in Parlamento – applaudito da destra e sinistra – nel quale era arrivato a mettere sott'accusa il sistema giudiziario, imputando al "partito dei giudici" l'aver fatto arrestare sua moglie Sandra Lonardo (presidente del Consiglio regionale campano) per vendetta o intimidazione nei suoi confronti.

Luca Palamara, ospite negli studi di Sky, respinse questa visione dei fatti e ribaltò le accuse: "È la politica che da anni cerca di sottrarsi alle inchieste, cercando di mettere sotto tutela la magistratura. Occorre ripristinare un corretto dialogo istituzionale, respingendo i tentativi di varare leggi "ad personam" e riforme che puntano a portare l'azione penale sotto il controllo dell'esecutivo".

Cossiga – chiamato in causa dalla Latella, al telefono – intervenne sin da subito a gamba tesa, con la stessa grazia di un terzino anni '60: "Debbo dire che a questo dibattito partecipa un magistrato che o non capisce nulla di diritto o è molto spiritoso. La faccia da intelligente non ce l'ha assolutamente. Vengo da una famiglia di magistrati che si vergognerebbero di sentire quello che ha detto questo – come si chiama? – Palamara, come il tonno". Un'entrata a gamba tesa, appunto, di quelle che solo nel 1991 erano state così violente.

Gelo in studio, col magistrato paralizzato e capace solo di ripetere, quasi sotto choc, "grazie, grazie". E poi Maria Latella in una situazione d'imbarazzo per niente invidiabile, per quel riferimento al tonno sardo Palmera, volutamente buttato là per imbarazzare l'ospite, giocando col suo cognome.

Una cosa che Cossiga aveva già fatto nell'aula del Senato, quando non aveva esitato a sfidare l'allora esponente di Forza Italia Marcello Pera, che lo accusava di aver favorito una compravendita di parlamentari, necessaria a far nascere il governo D'Alema. Pera ebbe la cattiva – a posteriori – idea di rivolgersi all'ex capo dello Stato dandogli del "discendente di barbaricini, briganti e rapitori". Forse non sapeva che quella era musica per le orecchie del suo occasionale avversario.

E così Pera si ritrovò suo malgrado costretto a un imbarazzante silenzio quando, dal centro dell'emiciclo di Palazzo Madama, dove Cossiga era solito prendere posto, non troppo lontano da Giulio Andreotti e Giovanni Agnelli, si sentì rispondere: "Caro senatore Pera, mi trovo a ricordarle le mie origini familiari: da parte di padre sono discendente di medico condotto, figlio di grande pastore, da parte di madre discendo dal possidente Antonio Zanfarino, massone e cavallottiano. Le mie origini sono certe, certificate. Contrariamente a chi, come lei, ha un cognome di cosa, che in Sardegna si usava dare alle famiglie la cui origine era ignota o dubbia". A proposito, Marcello Pera: nato il 28 gennaio 1943, sotto il segno dell'Acquario.

Ma torniamo a Palamara. Lo avevamo lasciato in preda all'imbarazzo, interdetto dall'accostamento al tonno: "Palamara lo giudico dalla faccia – proseguì il presidente, rispondendo a una domanda di Maria Latella, che cercava di stemperare la tensione – ho fatto politica per 50 anni e vuole che non riconosca uno dalla faccia? Mi quereli pure, Palamara. Ha un nome che esprime la realtà. Lei si chiama Palamara e ricorda benissimo l'omonimo tonno".

Piccola divagazione di due minuti su Mastella e le sue dimissioni, sulle "doppiezza" dei parlamentari dell'allora Margherita a proposito dei rapporti con le gerarchie ecclesiastiche, e poi il nuovo affondo: "Il ministro della Giustizia ha perso la sua battaglia quando ha accettato di mettere la sua firma sotto una norma scritta sotto dettatura di quell'associazione sovversiva e a stampo mafioso che risponde al nome di Associazione nazionale magistrati".

Apriti cielo. Palamara, in studio, dà improvvisi segni di vita e cerca di reagire. Mal gliene incolse: "Io con uno che ha quella faccia non interloquisco, con uno che ha detto quella serie di cazzate sulla politica io non parlo. Maria, parlo con te solo se fai tacere quella faccia di tonno. Sai cosa bisogna fare per riformare la giustizia? Bisognerebbe studiare un nuovo automatismo per gli avanzamenti di carriera dei giudici: propongo di legare l'anzianità al demerito. Così Palamara farà molta carriera".

È un Cossiga indiscutibilmente sopra le righe quello che in quel pomeriggio sembra delirare in tv. Eccessivamente sopra le righe. È una delle ultime uscite pubbliche. Sono giorni nei quali confida agli amici di aver quasi perso le speranze a proposito di una rinascita del Paese, dal punto di vista istituzionale. Vede crollare il governo Prodi sotto i colpi dei magistrati, che in Campania hanno appena fatto arrestare la moglie del guardasigilli Clemente Mastella. Capisce che la legislatura è al capolinea e intuisce che a Palazzo Chigi molto presto tornerà il suo amico-nemico Silvio Berlusconi. Significa che la guerra tra politica e magistratura è destinata a continuare.

Da "analfabeta di ritorno" a "faccia da tonno" sono passati 18 anni, senza che la politica italiana sia riuscita veramente a cambiare e senza che si siano risolti gli eterni conflitti che ingessano il Paese. Cossiga li ha raccontati e li ha incarnati. Finendo per ammettere un fallimento che, a conti fatti, è anche un po' suo.

Capitolo 2
Brigate Rosse

Un lungo capitolo della vita del presidente Cossiga è stato contrassegnato dalla tragica fine del grande amico e maestro Aldo Moro. Il suo rapimento e la sua uccisione, per mano delle Brigate Rosse, segnarono sia politicamente che fisicamente l'allora ministro degli Interni.

Di per sé, da solo, l'attacco del terrorismo rivoluzionario all'uomo del compromesso storico, che col suo paziente lavoro aveva creato le condizioni per un transitorio accordo di governo con i "nemici" comunisti, rappresentava un colpo al cuore dello Stato. Un evento che segnerà la Repubblica e lascerà tracce anzitutto sulle istituzioni preposte alla difesa dei protagonisti della politica, finiti nel mirino delle Br.

Per Cossiga, il ministro degli Interni scelto proprio da Moro per riorganizzare le forze di Polizia, lo smacco era doppio. La scelta della linea della fermezza, da opporre a quella della trattativa (propugnata soprattutto dai socialisti di Bettino Craxi e dai radicali di Marco Pannella), ancora più dilaniante.

Perché il politico sassarese scontava la consapevolezza interiore di essere una "creatura" del leader più carismatico della Dc, del verboso, ma acuto professore leccese, costretto a subire un processo proletario in un covo brigatista, lontano dai suoi affetti e dalla vita del partito-Stato del quale era stato chiamato alla presidenza. Un partito che aveva convinto dell'ineluttabilità della scelta di una "convergenza parallela", temporanea ma necessaria, con il Pci.

Per capire la difficoltà di quella decisione occorre indossare gli occhiali della storia e fare lo sforzo di proiettarsi all'indietro di 35 anni.

L'Italia conosceva la crisi petrolifera e prendeva confidenza con la parola austerità, legata al caro-benzina e al caro-energia.

L'inflazione galoppava e la contrapposizione tra classe operaia e organizzazioni datoriali, Fiat in testa, era al massimo storico. L'Europa era da un lato imbalsamata dalla guerra fredda e dall'altro pervasa da sotterranei tentativi di "inquinamento" da parte dei servizi segreti di mezzo mondo e da espliciti diktat che arrivavano da Stati Uniti e Unione Sovietica, le superpotenze in campo.

In Italia il Pci di Berlinguer, che cercava la via dell'eurocomunismo sganciato da Mosca, continuava a rappresentare una robusta alternativa al blocco di governo che aveva guidato il Paese sin dal dopoguerra. Tuttavia il suo 34-35% di consensi non rappresentava una base sulla quale sperare di costruire un'alternativa di governo.

La crisi economica e quella dell'organizzazione sociale, già messa a nudo dai movimenti prima studenteschi e poi operai nati nel '68, stava favorendo una deriva anti-Stato.

A intercettare il malcontento di tanti giovani, che sognavano un'altra società, furono anche le idee rivoluzionarie di alcune organizzazioni clandestine che si proponevano di abbattere il sistema con una lotta senza quartiere, basata anche su una violenza propagandata come necessaria, in risposta a una classe politica che veniva definita collusa col potere economico e con la borghesia in generale.

In questo quadro (qualcuno azzarda ipotizzare si sia fatto ricorso all'aiuto finanziario e/o militare di qualche potenza di oltre-cortina) nel 1970 Renato Curcio e Alberto Franceschini fanno nascere le Brigate Rosse.

Colpite al cuore, nel 1974, dalle forze speciali guidate dal generale Dalla Chiesa, sembravano destinate a scomparire. E invece, su impulso di Mario Moretti, si fecero più "politiche", abbandonando pian piano l'organizzazione "militare".

Contemporaneamente Moro, uomo-forte della Dc sin dagli anni '60, elaborava la teoria di una collaborazione istituzionale col Pci. Alla base c'erano due principi: la condivisione delle responsabilità in un momento di forte crisi sociale ed economica, con un conseguente rafforzamento della base che avrebbe dovuto sostenere le misure del nascente governo di unità nazionale, e l'inclusione dei comunisti italiani in un processo di responsabilità istituzionale democratica che li avrebbe – inevitabilmente – sganciati dall'orbita sovietica e da quel modello, collettivistico, di governo.

Alle elezioni del giugno del 1978 la Dc si fermò al 38%, il Pci al 34. Moro veniva indicato nell'ambiente politico come l'uomo chiamato a succedere al presidente della Repubblica Giovanni Leone, che stava per dimettersi, travolto da uno scandalo. Chi meglio di lui avrebbe potuto, dal Quirinale, "guidare" dall'esterno l'alleanza di governo tra Dc e Pci?

L'inquadramento storico, da solo, non basta. Per tornare ai tormenti personali di Cossiga nel rapporto col caso-Moro, va prima raccontata la storia nella storia.

Il futuro presidente della Repubblica divenne per la prima volta deputato nel 1958, dopo una discreta esperienza nella Fuci, l'organizzazione degli universitari cattolici. Fu quella palestra di uomini di governo a favorire la conoscenza con Aldo Moro, che ne fu presidente fino al 1942, prima di cedere il passo a Giulio Andreotti.

La collaborazione tra i due si rafforzò in Parlamento, sino a sfociare in un rapporto strettissimo e fiduciario. Tanto che il 23 febbraio 1966 il poco più che 37enne Cossiga venne chiamato a ricoprire l'incarico di sottosegretario alla Difesa nel governo Moro III. E quando, dal novembre del 1974 al luglio del 1976, il leader democristiano si trova a guidare il suo quarto esecutivo, per l'amico sassarese arriva prima la promozione a ministro della Pubblica amministrazione e poi, dal febbraio 1976, agli Interni.

Erano anni nei quali all'interno della Balena bianca le correnti contrapposte provocavano continue crisi di governo, spostando via via gli equilibri nel partito e, di conseguenza, quelli parlamentari. Nel luglio del 1976, dopo le elezioni anticipate, a prendere il timone venne chiamato Giulio Andreotti, mentre a Moro toccò la presidenza del partito. Nel momento della sconfitta il cavallo di razza non si arrese e chiese, ottenendola, la conferma di un importante dicastero per un suo uomo di fiducia. Fu così che Cossiga – a 47 anni – venne riconfermato ministro degli Interni.

È in questo quadro, storico e di rapporti fiduciari personali, che va inquadrata la vicenda del sequestro e dell'assassinio di Aldo Moro. Una ferita che, nell'anima della figura che è protagonista di questo libro, non si è mai rimarginata. Cossiga ammetterà di essere rimasto segnato da quell'esperienza, sia fisicamente che psicologicamente. Attribuì il suo precoce incanutimento, e la vitiligine che ne segnò i tratti, allo shock successivo all'uccisione del suo amico-statista. "Un fallimento personale necessario – soleva ripetere – in presenza di un attacco allo Stato che non potevamo respingere se non con la fermezza".

La linea cui faceva riferimento, scelta sia dalla Dc che dal Pci, teorizzava l'impossibilità di riconoscere lo status di interlocutori istituzionali ai brigatisti. E, dunque, precludeva ogni possibilità di trattativa ufficiale che potesse portare alla liberazione dell'ostaggio.

I 55 giorni più drammatici della storia repubblicana iniziarono alle 9 e 15 del 16 marzo 1978, quando un commando delle Br sequestrò Moro in via Fani, uccidendo i cinque agenti della sua scorta. I due carabinieri Domenico Ricci e Oreste Leonardi, che viaggiavano sull'auto del presidente della Dc, e gli agenti di Polizia Raffaele Jozzino, Giulio Rivera e Francesco Zizzi, che occupavano la macchina di scorta.

Proprio quel giorno, alla Camera, si apriva il dibattito sulla fiducia al quarto governo Andreotti, il primo basato sull'aperto sostegno dei comunisti. Cossiga apprese la notizia mentre usciva da messa e iniziò a tormentarsi. Pare avrebbe voluto addirittura dimettersi, prendendosi pubblicamente la colpa di quella che era un'evidente sconfitta delle istituzioni: "Non siamo riusciti a proteggere Moro – ha ammesso in più di un'intervista – ma ripensandoci non sarebbe stato possibile mettere tutti al sicuro. E c'è da aggiungere che, in quei mesi, nessuno riteneva che proprio lui potesse essere un obiettivo sensibile. I brigatisti stessi ammisero che, prima che a lui, pensarono ad altri, Andreotti in primis. Ma rinunciarono per le difficoltà organizzative, dovute alle abitudini dei soggetti via via finiti nel mirino".

È noto che in quei lunghissimi 55 giorni ("la notte della Repubblica", li definì il giornalista Sergio Zavoli) – Moro venne ritrovato ucciso il 9 maggio 1978 in pieno centro, a Roma, nel bagagliaio di una Renault rossa – dai luoghi della sua prigionia, il leader democristiano scrisse diverse lettere, indirizzate sia alla famiglia che ai protagonisti della politica. Tra i destinatari, naturalmente, c'era anche Francesco Cossiga. Mentre veniva processato dalle Brigate rosse, gli occhi di Moro vedevano trasformarsi l'antico allievo, l'amico allevato nella sua squadra di governo, in una fredda controparte istituzionale, che si mostrava sorda agli appelli e sembrava non curarsi delle conseguenze che la linea della fermezza avrebbe generato.

A creare, all'interno dell'anima e del cuore del futuro presidente della Repubblica, un sentimento di irrequietezza latente, che lo accompagnerà sino alla morte, hanno certamente contribuito alcune delle dure parole che l'antico maestro gli indirizzò in quegli scritti.

E ancora di più l'atteggiamento della famiglia Moro, che in più di un'occasione pubblica non ha mancato di ribadire la convinzione che Cossiga sia stato uno dei principali responsabili di quella morte violenta. Quasi che a premere il grilletto, in un freddo garage della periferia romana, non fossero stati i brigatisti, ma gli uomini di Stato che a loro si opposero. Perdendo, innegabilmente, la battaglia per la vita di Aldo Moro ma vincendo la guerra a favore della democrazia.

Le lettere, si è detto. Secondo le più affidabili ricostruzioni, dalla prigione brigatista Moro ne scrisse 86. Alcune recapitate dai "postini" delle Br, altre ritrovate nel covo di via Montenevoso, a Milano, allora trasformato dai terroristi in una sorta di archivio.

Si tratta degli scritti attraverso i quali l'ex presidente del Consiglio cercava di aprire una trattativa con i colleghi di partito e con le massime autorità dello Stato.

Cossiga è citato, assieme ad altri democristiani, nella missiva del 4 aprile, rivolta all'allora segretario democristiano Benigno Zaccagnini: "Caro Zaccagnini, scrivo a te, intendendo rivolgermi a Piccoli, Bartolomei, Galloni, Gaspari, Fanfani, Andreotti e Cossiga ai quali tutti vorrai leggere la lettera e con i quali tutti vorrai assumere le responsabilità, che sono a un tempo individuali e collettive. Parlo innanzitutto della Dc, alla quale si rivolgono accuse che riguardano tutti, ma che io sono chiamato a pagare con conseguenze che non è difficile immaginare. Certo nelle decisioni sono in gioco altri partiti; ma un così tremendo problema di coscienza riguarda innanzitutto la Dc, la quale deve muoversi, qualunque cosa dicano, o dicano nell'immediato, gli altri. Parlo innanzitutto del Partito Comunista, il quale, pur nella opportunità di affermare esigenze di fermezza, non può dimenticare che il mio drammatico prelevamento è avvenuto mentre si andava alla Camera per la consacrazione del Governo che mi ero tanto adoperato a costituire". È normale che Moro considerasse il ministro degli Interni tra quelli che potevano decidere del suo destino e dell'atteggiamento da tenere nei rapporti con i sequestratori.

Ma è nei giorni successivi che l'atteggiamento nei confronti dell'antico amico inizia a cambiare. Nella durissima lettera dell'8 aprile Moro alza i toni: "Naturalmente non posso non sottolineare la cattiveria di tutti i democristiani che mi hanno voluto nolente ad una carica che, se necessaria al Partito, doveva essermi salvata accettando anche lo scambio dei prigionieri. Sono convinto che sarebbe stata la cosa più saggia. Resta, pur in questo momento supremo, la mia profonda amarezza personale. Non si è trovato nessuno che si dissociasse? Bisognerebbe dire a Giovanni che significa attività politica. Nessuno si è pentito di avermi spinto a questo passo che io chiaramente non volevo? E Zaccagnini? Come può rimanere tranquillo al suo posto? E Cossiga, che non ha saputo immaginare nessuna difesa? Il mio sangue ricadrà su di loro".

Un mese prima della sua uccisione il presidente della Dc era già consapevole del suo destino? Probabile. A risuonare nelle orecchie dei destinatari – com'era ovvio che fosse – era soprattutto l'ultima frase: "Il mio sangue ricadrà su di loro". Cossiga ne è sempre stato intimamente convinto e lo ha ripetuto in decine di dichiarazioni pubbliche. Persino nell'intervista che "Il Corriere della Sera" gli ha dedicato in occasione dei suoi 80 anni, forse il suo testamento per quel che riguarda le memorie legate agli anni di piombo. "Quando, con il Pci di Berlinguer, ho optato per la linea della fermezza, ero certo e consapevole che, salvo un miracolo, avevamo condannato Moro a morte. Altri si sono scoperti trattativisti in seguito; la famiglia Moro, poi, se l'è presa solo con me, mai con i comunisti. Il punto è che, a differenza di molti cattolici sociali, convinti che lo Stato sia una sovrastruttura della società civile, io ero e resto convinto che lo Stato sia un valore. Per Moro non era così: la dignità dello Stato, come ha scritto, non valeva l'interesse del suo nipotino Luca", disse ad Aldo Cazzullo, che gli chiedeva conto delle allusioni di Steve Pieczenick, il funzionario del dipartimento di Stato Usa che lo aveva affiancato nella gestione dell'emergenza seguita al sequestro. "Solo la dietrologia, che è la fantasia della Storia, può sostenere che Moro ci facesse (a noi e agli Usa) più comodo da morto che da vivo – proseguì. Tutta questa insistenza sulla "storia criminale" d'Italia è opera non di studiosi, ma di scribacchini. Gente che, non sapendo scrivere di storia e non essendo riuscita a farsi eleggere a nessuna carica, scrive di dietrologia. Fantasy, appunto".

Tanto ci sarebbe da dire sull'operatività di un ministro degli Interni durante un'emergenza nazionale di quelle proporzioni. Stando agli atti ufficiali, va ricordato che la regia delle indagini non era allora totalmente in mano alla magistratura, ma aveva il suo epicentro proprio al Viminale. Fu in quella sede che Cossiga costituì due comitati di crisi, uno ufficiale e uno "ristretto". Ve ne fu forse anche un terzo, che si dice non si sia mai riunito collegialmente, che avrebbe dovuto occuparsi dei contatti paralleli da avviare attraverso emissari dei Servizi segreti italiani e stranieri, del Vaticano e persino di organizzazioni criminali non coinvolte col terrorismo.

Lo stesso ministro fu il "regista" dei piani Victor e Mike. In sostanza, si trattava delle opzioni "vivo o morto", che immaginavano gli scenari immediatamente successivi alla conclusione del sequestro. Se Moro fosse stato ritrovato vivo (piano Victor) l'ordine era quello di accompagnarlo al Policlinico Gemelli, isolandolo dal mondo esterno, anche dalla famiglia. Avrebbe potuto avere contatti solo con i medici, gli psicologi e gli investigatori.

Nel caso fosse stato ritrovato morto (piano Mike), venivano indicati i nomi dei magistrati, degli ufficiali di polizia giudiziaria e dei medici legali da avvisare immediatamente, oltre che le modalità di "isolamento" della zona in questione.

A giudicare da come è stato applicato il caso Mike (basta scorrere le immagini di repertorio relative al ritrovamento del cadavere di Moro in via Caetani, che mostrano la grande confusione che contraddistinse quei momenti) si può forse concludere che si trattasse di mere dichiarazioni d'intenti, come spesso accade in Italia. E più d'uno ha fatto rilevare che l'eventuale ritrovamento dello statista Dc in vita sarebbe stato seguito da una confusione pari (o superiore) rispetto a quella del suo corpo inanimato.

Ai piani Victor e Mike – attorno ai quali si è sviluppata una pubblicistica naturalmente indirizzata alle dietrologie – è stata forse data un'importanza eccessiva.

Tornando agli effetti del caso Moro sulla vita – pubblica e personale – di Cossiga, non si può tralasciare un drammatico parallelismo. Da un lato, nelle sue lettere dalla prigione del popolo, l'ex presidente del Consiglio aveva adombrato l'ipotesi che il solitamente "pavido" e "remissivo" ministro degli Interni si fosse fatto condizionare da Enrico Berlinguer, leader del Pci e – conseguentemente – della linea della fermezza.

Moro arrivava a sostenere che Cossiga fosse da sempre succube dell'illustre lontano cugino e si rammaricava di aver puntato su di lui, che ora quasi lo disconosceva, chiamandolo a prestigiosi ruoli pubblici.

Una tale accusa non poteva lasciare indifferente l'allora ministro degli Interni, che in più di un'occasione ha mostrato segni di auto-analisi a quel proposito. Salvo rivendicare fino al termine della sua vita, come riferito a proposito della citata intervista a Cazzullo, la convinzione di aver contribuito a compiere "una scelta dolorosa ma necessaria".

C'è da dire che se Moro, costretto in cattività dai suoi feroci carcerieri, scriveva lettere di fuoco contro una classe politica dalla quale si sentiva abbandonato, chi gestiva l'emergenza non fu certo più tenero nei suoi confronti. Basti pensare alla teoria, mai esplicitata ufficialmente, che le lettere che arrivavano a firma dello statista democristiano non potevano essere moralmente ricondotte a lui. In verità fu proprio Cossiga a usare quest'espressione, anche se non si spinse mai a teorizzare in una dichiarazione pubblica che il suo antico amico potesse soffrire della sindrome di Stoccolma. Quella, cioè, che porta un ostaggio a essere succube dei sequestratori, finendo per condividerne tesi e fini. Moro venne ucciso dalle Br – almeno questa è la verità per ora emersa e alla quale occorre attenersi – 55 giorni dopo il suo tragico sequestro. Nelle ore immediatamente successive al ritrovamento del cadavere, Francesco Cossiga si dimise da ministro degli Interni (al suo posto verrà nominato Virginio Rognoni) e si allontanò dalla scena pubblica, tornando a fare il deputato.

Verrà richiamato "in servizio" nell'agosto dell'anno successivo, quando il presidente della Repubblica Sandro Pertini lo incaricherà di formare il suo primo governo.

Capitolo 3

Carlo Magno

A raccontare del rapporto tra il presidente Cossiga e Silvio Berlusconi si rischia di essere presi per schizofrenici. Amore, odio, complicità, tradimenti, messaggi in codice e sparate pubbliche, consigli, rimproveri e molto altro anco ra. L'amicizia (perché, alla fine, di amicizia si trattò) tra i due non poteva che essere scandita da tempi e modalità propri del carattere di due protagonisti così diversi, per formazione, educazione e approccio alla vita.

Cossiga ha apostrofato il Cavaliere in molti modi, cambiando spesso la definizione pubblica ma mai il suo effettivo pensiero su quell'imprenditore brianzolo conosciuto a metà degli anni '70, "che si accreditava a Roma come esponente dell'aziendalismo cattolico. Cattolico non organico, ma simpatizzante dello schieramento che aveva come suo perno la Democrazia cristiana. Nonostante non disdegnasse amicizie strette anche su altri fronti. E non parlo solo di Bettino Craxi".

Il minimo storico, il punto più basso nei loro rapporti, lo si registrò certamente nel 1998 quando, ancor prima che l'ex capo dello Stato favorisse la nascita del governo D'Alema (21 ottobre), si sprecarono le battute al vetriolo.

Ad aprile la salute dell'allora premier Romano Prodi e del suo governo di centrosinistra, allargato a Rifondazione comunista (con il partito di Bertinotti il professore bolognese aveva stretto non un'alleanza organica, ma un patto di desistenza alle elezioni), non era già delle migliori. Berlusconi e Fini, allora graniticamente sinergici, sognavano la "spallata" in Parlamento, con conseguente ritorno alle urne.

Le elezioni anticipate, secondo i leader di Forza Italia e Alleanza nazionale, avrebbero riconsegnato il Paese al Cavaliere, forte della ritrovata unità di intenti con la Lega. Nel 1996, infatti, Bossi aveva scelto di affrontare da solo l'avventura elettorale, ottenendo oltre il 10 per cento dei voti, al grido di "Né con Roma-Polo, né con Roma-Ulivo".

Un successo fine a se stesso, ma che consentì al senatur di far perdere il treno del governo a Berlusconi, con il quale aveva litigato nel dicembre 1994, decretando la fine del suo primo mandato.

Prodi si indeboliva, Berlusconi sognava la rivincita elettorale, Cossiga (come vedremo) lavorava per una soluzione che superasse il dualismo tra i due, che minacciava di rivelarsi sterile e poco fecondo.

Al congresso di Forza Italia del 18 aprile 1998, convocato simbolicamente proprio nella data dell'anniversario delle elezioni politiche del 1948, che decretarono il successo del fronte atlantista rispetto a quello che strizzava l'occhiolino all'Unione sovietica, si innescò un incidente diplomatico di non poco conto.

In un eccesso di entusiasmo, Gianni Baget Bozzo (il prete genovese prestato alla politica, già amico di Bettino Craxi, ideologo del Psi e poi consigliere del Cavaliere) si spinse a definire Berlusconi come il salvatore del fronte moderato in una rinnovata lotta di civiltà che portava alla scelta suprema fra il mondo occidentale e quello comunista.

Per corroborare questa sua tesi, non del tutto inesatta, ebbe però l'infelice idea di ricorrere a un paragone perlomeno inattuale e certamente poco conferente (viste le diverse storie dei due protagonisti), spingendosi a definire il fondatore di Forza Italia come "il nuovo De Gasperi".

Mal gliene incolse. Facendo ricorso alla sua arte dissacratoria, Cossiga si conquistò immediatamente la scena con una battuta breve, ma salace, che è rimasta negli annali: "Se Berlusconi è De Gasperi, io sono Carlo Magno".

Un'iperbole con la quale l'ex presidente della Repubblica cercò di affondare nel ridicolo un tentativo di riaccreditare Berlusconi come alternativa immediata al Prodi che rischiava di crollare.

In seguito l'ex capo dello Stato ebbe modo di chiarire il perché di quella stroncatura: "La definizione era inappropriata – spiegò Cossiga – anzitutto perché nell'orizzonte alternativo non si intravedeva nessun Togliatti. E poi mi pare che De Gasperi avesse radici culturali diverse e fosse il prodotto di un partito diverso rispetto a Forza Italia. Come potevo definirmi io, allora? Considerato che si approssimavano le elezioni europee, mi venne in mente l'altrettanto irriverente paragone con Carlo Magno".

Le polemiche di quei giorni non si fermarono alla battuta. Il senatore a vita tornò sull'argomento, spiegando che "in Italia sta nascendo il fattore Berlusconi, con la conseguente incapacità di costruire un partito con un programma anche diverso da quello del suo leader" e, ancora, "Forza Italia non è il partito di opposizione alla sinistra e D'Alema può essere certo di rimanere al potere per molti anni, anche perché non vedo come Forza Italia possa opporre programmi e linea politica tali da modificare i rapporti di forza esistenti".

Notare che, in quei giorni, a Palazzo Chigi c'era ancora Prodi e D'Alema, di mestiere, faceva il segretario del Pds, il partito di maggioranza relativa. Dopo l'estate 1998 i rapporti tra Cossiga e Berlusconi si fecero davvero tesi: uno (e ne parleremo nel prossimo capitolo) favorì la nascita del primo governo della storia repubblicana guidato da un ex comunista, l'altro si sentì tradito.

A ottobre di quello stesso anno le tensioni non accennavano a calare: in un intervento parlamentare, a fine ottobre, l'ex presidente apostrofò pesantemente Berlusconi e gli promise una "fiera opposizione presso i vertici del Partito popolare europeo circa l'adesione di Forza Italia a una grande famiglia che niente può avere a che fare con un partito di destra che rifiuta l'opposizione parlamentare e ne preferisce una anti-sistema, populista e demagogica. Una forma di radicalismo estremista aggravato dall'irrisolto rapporto tra denaro e potere, cioè dal grave conflitto di interessi che investe il capo del sedicente Polo delle Libertà".

Un attacco a palle incatenate, nello stile del miglior Cossiga, che contraddistinse tutto il primo periodo di navigazione del governo D'Alema, del quale l'ex capo dello Stato si riteneva azionista, "piccolo, ma privilegiato".

Nel 2000 tutto sembrava essere già stato dimenticato. Dopo il travolgente successo del centrodestra alle elezioni regionali e le conseguenti dimissioni del secondo governo D'Alema, con successiva ascesa a Palazzo Chigi di Giuliano Amato, per Berlusconi la strada del ritorno al governo sembrava ormai spianata.

Il 13 dicembre di quell'anno, partecipando alla presentazione del libro "Scontro finale", di Bruno Vespa, si registrò il "disgelo" pubblico tra il grande esternatore e il leader di centrodestra. Seduti uno accanto all'altro, con Giulio Andreotti come terzo incomodo. Cossiga seppe usare parole distensive, che suonavano come un'incoronazione: "Non trovo davvero nulla di antidemocratico nell'alleanza fra Fini e Berlusconi – disse, tra le altre cose – anzi, mi auguro che quest'ultimo vinca le elezioni con un'ampia maggioranza, in modo da dare una "raddrizzata" alla vita dei palazzi romani. Certo, per la sinistra è giusto che combattere Berlusconi sia un problema morale".

Pare che quella volta, comunque, il senatore Cossiga non sia stato troppo soddisfatto della sua performance pubblica. Abituato a conquistarsi i titoli dei giornali per le sue battute al fulmicotone, dovette inchinarsi all'arguzia di un Andreotti particolarmente ispirato. Interrogato da Bruno Vespa sulle qualità di Francesco Rutelli, che di Berlusconi era il competitor nella corsa a Palazzo Chigi, il sette volte presidente del Consiglio sussurrò malefico: "Della famiglia Rutelli io stimo in particolar modo Barbara, la moglie del candidato".

Nel 2002 nuova svolta. In un'intervista rilasciata all'Espresso, a proposito della legge sul conflitto di interessi, Cossiga scelse di tornare all'alzo zero: "Berlusconi ha il limite di non capire che lo Stato costituzionale è il delicato punto d'equilibrio tra il principio di legalità e la volontà popolare espressa dai cittadini con il voto. I giudici non possono mettersi sopra il Parlamento costituendo, di fatto, un partito dei giudici, ma in un potere politico irresponsabile un ladro rimarrebbe pur sempre un ladro anche se prendesse milioni di voti e questi voti, in uno Stato di diritto, non possono e non devono essere di ostacolo all'azione penale". Un punto di vista molto diverso, considerato quanto abbiamo già scritto e ancora scriveremo, a proposito delle feroci polemiche contro i magistrati che contraddistingueranno l'ex capo dello Stato nella parte finale della sua vita politica.

Non risultano dichiarazioni pubbliche attribuibili al Cavaliere sul suo effettivo pensiero a proposito dei rapporti con Cossiga, se si vuole escludere quella arrivata nei minuti successivi alla morte dell'ex capo dello Stato: "Piango un amico carissimo, affettuoso, generoso. Mi mancheranno il suo affetto, la sua intelligenza, la sua ironia, il suo sostegno" e poi quella, inviata in Senato, nel giorno della sua commemorazione pubblica: "Ora e sempre per Cossiga ci sarà un posto nel Pantheon di tutti i liberali e i democratici, di tutti gli uomini di buona volontà che si sono battuti per la verità e la libertà – scrisse il Cavaliere – Cossiga mi ha concesso il privilegio della sua amicizia, del suo sostegno, della sua ironia. Si è sempre battuto per la legalità con coraggio, umiltà e capacità di autocritica, anche in un momento drammatico, quando lo Stato doveva trasmettere il senso della fermezza e della certezza del diritto di fronte al pericolo del terrorismo".

Tra i due c'era un rapporto di confidenza che pareva essere ancestrale. Si davano del tu e da questo amico sardo l'uomo più potente d'Italia si era abituato ad accettare, in alcuni casi a sopportare, tutto. Anche le definizioni più "spinte", gli apprezzamenti meno graditi, le sferzate pubbliche e private.

Fedele Confalonieri, una delle persone più vicine al Cavaliere, fu chiaro con Cossiga: "Caro presidente, lei si deve accontentare del fatto che Silvio le voglia bene. Sul piano privato potrà chiedere a Silvio qualunque cosa. Ma sul piano politico lui sarà sempre diffidente verso di lei e di lei non si fiderà mai".

Al giornalista del "Corriere della Sera" Aldo Cazzullo, che gli chiedeva del suo primo approccio con Berlusconi e dell'opinione che di lui aveva maturato nel corso degli anni, Cossiga rispondeva di averlo conosciuto nel 1974, appena nominato ministro: "Passeggiavo per Roma con il collega Adolfo Sarti, quando incontrai Roberto Gervaso, che ci invitò a cena per conoscere un personaggio interessante. Era proprio lui. Parlò per tutta la sera dei suoi progetti, che erano Milano2 e Publitalia. Posso dire di non aver mai votato per lui (tranne che in Parlamento), ma da allora siamo stati sempre amici".

L'ultimo Cossiga era certamente più conciliante di quello del 1998. A giugno del 2009, ad esempio, quando la popolarità di Berlusconi (reduce dai successi elettorali in Abruzzo e Sardegna, che seguivano quello alle Politiche del 2008) era ancora ai massimi, l'ex presidente stupiva già tutti annunciando l'esistenza di un "complotto trasversale", arrivando a preconizzarne la caduta. "Il complotto esiste – sentenziò – e a succedere al presidente del Consiglio potrebbe essere Mario Draghi, attuale governatore della Banca d'Italia. Esiste un piano trasversale tra il partito di Repubblica e De Benedetti, il magnate Murdoch e Pierfurby Casini per sostituire Berlusconi. Casini ha un interesse politico e puntava su Draghi già in caso di ingovernabilità al Senato, dopo le elezioni 2008. Murdoch non ha perdonato a Berlusconi di aver tolto a Sky il privilegio sull'Iva agevolata. Quanto al partito di Repubblica, mi riferisco a quello che voleva per sé la tessera numero 1 del Pd: l'editore Carlo De Benedetti. Non vorrei che si dimenticasse che il mio successore, l'amico cattolicissimo Oscar Luigi Scalfaro, sostituì il primo cadente Berlusconi (nel 1994) con un presidente del Consiglio non eletto dal popolo, rimangiandosi la promessa di elezioni anticipate. Arrivò Lamberto Dini, che nessuno aveva scelto nemmeno come componente del Parlamento". In un'intervista a Sky Tg24, invece, nel 2008 il presidente Cossiga venne chiamato a commentare una dichiarazione del presidente della Camera Gianfranco Fini, che candidava Berlusconi alla presidenza della Repubblica: "Inizialmente avevo capito che fosse lo stesso fondatore di Alleanza Nazionale ad essersi autocandidato al Quirinale – disse alla giornalista Ilaria Iacoviello – del resto ci sono tutti gli elementi per dire che Fini oggi è il miglior candidato nel centrodestra. Certamente è il preferito del centrosinistra: nel caso di Eluana Englaro si è schierato al fianco del presidente Napolitano contro il decreto salvavita. Se non si è già circonciso fisicamente lo ha già fatto mentalmente e a quanto so presenterà presto la domanda all'associazione nazionale partigiani d'Italia. Dunque, a quanto sembra, Fini è il vero contrappositore di Berlusconi per il futuro".

Ancora una volta, dunque, nell'ultimo Cossiga c'era una scelta di campo a favore del Cavaliere, proprio sul nascere delle polemiche tra i co-fondatori del Pdl. Divergenze che portarono alla rottura tra i due e alla fuoriuscita di Fini dall'alleanza di governo, con la fondazione di Futuro e libertà.

I rapporti parlamentari con i quattro governi guidati da Berlusconi non sono sempre stati idilliaci. Nel 1994 Cossiga fu decisivo per il varo dell'esecutivo che il Cavaliere formò dopo l'alleanza con An, Lega e Ccd. A Palazzo Madama sedevano 326 senatori, 315 eletti e 11 a vita. Nel giorno del voto di fiducia a essere presenti erano 315, con 314 votanti e una maggioranza richiesta di 158. L'esecutivo di centrodestra ottenne il sì di 159 senatori, 153 votarono contro e due si astennero, unendo (di fatto) le loro forze allo schieramento dei contrari.

Il primo governo Berlusconi ottenne dunque la fiducia per due soli voti. A garantirla tre senatori a vita: Giovanni Agnelli, Francesco Cossiga e Giovanni Leone. Contrari furono Giulio Andreotti, Francesco De Martino e Leo Valiani; Giovanni Spadolini e Paolo Emilio Taviani si astennero. Assenti Bo, Bobbio e Fanfani.

Nel 2001, invece, il Berlusconi II fece registrare l'astensione, non decisiva, di Francesco Cossiga, che nel 2008 tornò invece ad accordare la sua preferenza parlamentare al Cavaliere. Solo perché di quell'esecutivo, con il ruolo di sottosegretario alla Difesa, faceva parte anche il figlio Peppino? "Per nulla", fece sapere, deciso, il combattivo senatore a vita. "Voterò la fiducia al suo governo, ed è la seconda volta che accade, perché lo ritengo il più adatto ad affrontare i problemi con i quali il Paese si deve confrontare – ricordò in Aula – ma non intendo accordarla, invece, né moralmente, né politicamente, nei confronti del suo ministro degli Interni Roberto Maroni".

Solo uno dei tanti capitoli delle lotte verbali che hanno spesso opposto Cossiga ai titolari del Viminale. Basti ricordare la polemica della quale, appena qualche mese prima di quella dichiarazione di sfiducia nei confronti di Maroni, si era reso protagonista verso il predecessore Giuliano Amato. In quell'occasione il nodo del contendere era la presunta "copertura" dell'uomo del Viminale nei confronti del capo della Polizia Gianni Di Gennaro, a proposito del caso Abu Omar. Cossiga, una volta apprese le effettive circostanze che stavano dietro ai comportamenti dei suoi avversari del momento, non mancò di scusarsi pubblicamente, dichiarando chiuso l'incidente diplomatico.

Non può mancare, dal "borsino" (simile alle montagne russe) dei rapporti tra i due, il contenuto di una lettera al vetriolo che Cossiga indirizzò a Berlusconi nel 2006, dopo il voto di fiducia al governo Prodi. Quell'esecutivo, capace di aggiudicarsi il premio di maggioranza alla Camera grazie ad appena 24 mila voti (peraltro contestati) di scarto, a Palazzo Madama si reggeva sui consensi dei senatori a vita. A dare il via libera furono, tra gli altri, gli ex presidenti della Repubblica Cossiga, Scalfaro e Ciampi, oltre all'eterno Andreotti e Berlusconi fu il più severo nel criticare quell'appoggio, arrivando a definirlo frutto di un atteggiamento "infame".

Cossiga non perse l'occasione di intingere il pennino nel fiele: "Le scrivo per stigmatizzare l'indegna gazzarra inscenata dai gruppi parlamentari della Casa delle Libertà mentre esprimevano il loro voto a favore della mozione di fiducia al governo Prodi i senatori a vita, di diritto e di nomina presidenziale – esordì – la contestazione ha coinvolto non solo me, Andreotti e Scalfaro, "ragazzetti" che da oltre mezzo secolo "battono" le strade della politica e che a ben più violenti tipi di scontro e di colluttazione, di insulti e di imprecazioni, e da pulpiti politicamente ben più solenni del vostro, dalla destra di Giorgio Almirante alla sinistra di Giancarlo Pajetta, ma con minore astio, maleducazione e cattiveria, sono adusi, ma per i due nuovi senatori a vita che per l'ambiente finora professionalmente frequentato, le severe stanze della Banca d'Italia e gli alacri studi di progettazione d'alto livello, pensavano di trovarsi nel "salotto buono" della politica italiana, tra l'altro architettonicamente copia della Camera dei Deputati del Regno di Sardegna, a Palazzo Carignano, in Torino, e si sono trovati per colpa vostra sbalzati in un ambiente da suburra di quartiere malfamato della Roma della decadenza".

Dalla contestazione generale all'attacco personale, il passo fu molto breve: "Lei mi ha accusato di immoralità, quasi che io sia stato responsabile di una scappatella con una venezuelana – alluse, malignamente – no, in questo caso si è trattato di politica e servizio dello Stato che sono stati per me e la mia famiglia una cosa troppo seria perché io possa accettare accuse di immoralità da un, anche se simpatico e abile, Paperon de' Paperoni prestato alla politica, e non senza utile personale".

Anche questo, assieme a molto altro, caratterizzò il tempestoso rapporto tra Francesco Cossiga ("Carlo Magno") e Silvio Berlusconi ("De Gasperi").

Capitolo 4
D'Alema

Sbaglia chi ritiene che i rapporti tra Cossiga e D'Alema debbano essere raccontati esclusivamente attraverso il passaggio – per certi versi storico – del primo governo della Repubblica guidato da un ex comunista, favorito in maniera decisiva da una formazione politica coagulatasi proprio attorno all'ex capo dello Stato.

Derubricare tutto allo sgarbo perpetrato nei confronti del dualismo Berlusconi-Prodi, alla contingenza dei bombardamenti da autorizzare nei Balcani e al pan di zucchero a forma di bambino regalato da Cossiga al neo-premier subito dopo il voto di fiducia al Senato, quasi a dissacrare il vecchio adagio su certe abitudini alimentari dei "comunisti", significherebbe non capire la genesi di un'affinità che è anzitutto simbolica.

Bisogna, semmai, chiedersi il perché Cossiga abbia scelto D'Alema per risolvere il suo complicato rapporto con il mondo della sinistra italiana.

Occorre tornare indietro, ai tempi del compromesso storico e del caso Moro? O è sufficiente rievocare l'ultimo biennio della presidenza Cossiga (1991 e 1992), quando i rapporti tra l'allora capo dello Stato e il Pds (che dopo la svolta della Bolognina, aveva preso il posto del vecchio Pci) erano di guerra aperta?

"Perché, in quel 1992, i comunisti non mi hanno creduto? – si chiedeva il senatore a vita, nel 2003, in un'intervista pubblicata su "L'Unità", a firma di Pasquale Cascella – più cercavo di farmi comprendere, più si acuiva lo scontro. Dissi a Edimburgo che con la caduta del muro di Berlino era crollato anche il muro italiano che aveva tenuto fuori il Pci dall'area di governo. Andai alle celebrazioni del Primo maggio all'Ansaldo di Milano a riconoscere la "vocazione generale" di quella classe operaia che nel Pci aveva il suo riferimento politico e ideale. Avevo dato un incarico esplorativo a Nilde Iotti, sancendo istituzionalmente il pieno diritto degli eredi della tradizione comunista italiana a partecipare al gioco democratico. Ed ero pur sempre il moroteo che aveva sostenuto la solidarietà nazionale nella versione berlingueriana del compromesso storico".

Com'era, davvero, la situazione in quel biennio di lotte e incomprensioni? Massimo D'Alema, che nel 1984 (a 35 anni) era stato scelto da Enrico Berlinguer per accompagnarlo ai funerali moscoviti del segretario del Pcus Yuri Andropov, nel 1990 venne cooptato da Achille Occhetto per coordinare la segreteria del nascente Pds.

A lui veniva affidato il compito di tenere i rapporti con l'ala sinistra del partito. Era un ortodosso, tanto che Occhetto dirà in seguito di aver avuto l'impressione che il giovane D'Alema avesse abbracciato la svolta della Bolognina solo per "dura necessità" e non perché scorgesse effettivi motivi di cambiamento nella strategia del Partito.

Abbandonato il ruolo di direttore de "L'Unità", il futuro presidente del Consiglio consolidò via via il suo potere nel partito. All'epoca dell'impeachment proposto dal Pds nei confronti del presidente della Repubblica Francesco Cossiga (l'accusa era di attentato alla Costituzione e mutatamento della forma di governo) seguì la linea della maggioranza, distinguendosi per alcune punture di spillo (l'asprezza verbale è uno dei tratti che accomunava i due protagonisti di questo capitolo) all'indirizzo di quello che era vissuto come il nemico numero uno del nascente partito egemone della nuova sinistra italiana.

"Solo Napolitano, Barbieri, Ranieri e Forleo (ma anche Luciano Lama) si opposero a quell'iniziativa così dirompente", ricorderà anni dopo lo stesso Cossiga, "forse perché erano gli unici che avevano capito che, se pure abusavo del mio potere di esternazione, non attaccavo la Costituzione ma ne difendevo, anzi, i suoi principi fondamentali".

I rapporti tra Cossiga e il Pds migliorarono con l'inizio della seconda Repubblica. Il fallimento della "gioiosa macchina da guerra" di Achille Occhetto, spazzata via dall'improvvisa comparsa sulla scena politico-elettorale di Silvio Berlusconi, capace di incanalare in un'alternativa di governo il voto di protesta del Nord (con la Lega) e quello del Centro-Sud (con gli ex missini di Alleanza Nazionale), contribuì non poco a destabilizzare la situazione.

E l'ascesa alla guida del Pds di Massimo D'Alema, dopo la nuova sconfitta elettorale alle Europee del '94, che seguiva di pochi mesi quella delle Politiche, disegnò scenari nuovi. Trascorsi pochi mesi il governo Berlusconi era già in panne e il dibattito verteva sulla gestione del dopo. A sorpresa, su "L'Unità" diretta da Walter Veltroni iniziarono ad apparire articoli a firma di Francesco Cossiga. Una novità che provocò sconcerto sia a destra che a sinistra. Tanto che qualcuno arrivò ad avanzare l'idea che proprio l'ex presidente – forte della popolarità che ancora si trascinava dopo l'ultimo rutilante biennio al Quirinale – potesse essere il nuovo premier di garanzia, votato anche dalla Quercia, in caso di caduta di Berlusconi.

A chi gli chiedeva conto di quell'ipotesi l'ex capo dello Stato rispondeva, sornione: "Per il momento mi limito a scrivere su "L'Unità". E devo dire che mi piace, anche se Michele Serra (il prototipo dell'intellettuale di sinistra molto ascoltato alle Botteghe Oscure) sostiene di non capire quello che scrivo".

Per rivivere quel clima è sufficiente rileggere i giornali dell'epoca. Sul "Corriere della Sera" i colonnelli del Pds (Luciano Violante, Massimo Brutti, Livia Turco, tutti ex nemici di Cossiga e allora fedelissimi di D'Alema) commentavano sornioni: "Un giorno tutti noi capiremo – disse, in particolare, Brutti – fare nomi e scenari adesso non è opportuno".

Sandra Bonsanti, ex prima firma de "L'Unità", diventata parlamentare della Quercia, riferì di un colloquio tra D'Alema e l'ex presidente della Repubblica: "Rispetto a Berlusconi c'è da dire che Cossiga è certamente un elemento di garanzia anche se il nostro non è più il partito che nel 1985 votò per la sua elezione al Quirinale".

Quattro anni dopo, in piena era Prodi, il senatore a vita sardo fu certamente il grande regista dell'ascesa a Palazzo Chigi dell'allora segretario del Pds. Le manovre preparatorie iniziarono quasi un anno prima della caduta del governo dell'Ulivo, del quale vicepremier era il diessino Walter Veltroni.

Nel gennaio 1998 Cossiga depositò il marchio Udr (Unione della Repubblica) e accolse sotto la sua ala un drappello di deputati che, sotto la guida del campano Clemente Mastella, avevano rotto con Pierferdinando Casini (in quegli anni alleato di ferro per Berlusconi) e con il Centro cristiano democratico (Ccd) da lui guidato.

A luglio il nuovo partito cossighiano fece il suo esordio ufficiale in Parlamento, dichiarando di essere alternativo all'Ulivo di Prodi, ritenuto uno schieramento artificiale, e di essere teorizzatore di una nuova alleanza strategica e non organica tra centro e sinistra.

Due poli distinti, che si accordavano (sul modello di quel che accadeva in quegli anni in altri Paesi europei) su un programma di governo. Nasceva in quei mesi l'esegesi, che fu anche linguistica e simbolica, del centro-sinistra. Quello col trattino, da distinguere dal centrosinistra tout court, che sembrava caratterizzare l'orizzonte dell'Ulivo prodian-veltroniano.

Il 24 settembre del 1998 Romano Prodi si trovava ancora a Palazzo Chigi e il dibattito politico era incentrato sulla commissione d'inchiesta che avrebbe dovuto fare chiarezza su Tangentopoli, richiesta a gran voce dall'opposizione di centrodestra.

Quel giorno l'Udr di Cossiga, che nel frattempo si era rinforzata grazie all'ingresso di alcuni transfughi da Forza Italia e Alleanza nazionale, e aveva stretto un rapporto saldo con il Cdu di Buttiglione, propose e ottenne un rinvio della discussione: "Per esaminare la questione è meglio attendere un clima meno avvelenato", disse l'ex presidente della Repubblica.

Si attirò immediatamente gli strali del solito Berlusconi: "È una ferita della democrazia, un golpe che l'Ulivo e l'Udr hanno voluto perpetrare nei confronti delle opposizioni, evidentemente hanno paura".

Cossiga non si fece pregare e replicò, sferzante: "Io non so come voteranno i miei parlamentari sull'argomento perché, a differenza del Cavaliere, non sono in grado di dire ai deputati dell'Udr "siccome i soldi li ho messi io, voi dovete difendere la mia tesi". Io sono democratico, cerco di essere un leader e non un boss. Silviotto dice che faccio la stampella al governo. Rispondo che non prendo lezioni di politica da lui. O vuole darmi anche lezioni di diritto costituzionale?".

In quel fine settembre l'ex presidente della Repubblica entrò in rotta di collisione con tutto il centrodestra. A Giuliano Urbani, uomo forte di Forza Italia, fece arrivare il seguente messaggio: "Di lui mi ricordo solo la definizione che Berlusconi mi riferì in toni scherzosi. Dell'ex ministro si diceva nel partito: mens sana in corpore nano".

Non andò meglio a Gianni Baget Bozzo, del quale abbiamo già parlato a proposito della battuta su Carlo Magno: "Ho letto con profondo dolore le cose banali da lui scritte. Cose banali che definirei, se non fossero scritte da lui, goffamente servili".

Durissimo anche col conterraneo Beppe Pisanu, che di Berlusconi era già consigliere molto ascoltato nel 1998: "Sentir dire da lui che con noi non vi è più nessun discorso da fare mi muove a umorismo, pensando a quante volte si sarebbe potuto dire questo di lui".

Tagliente la risposta inviata a Fini, che lo accusava di trasformismo: "Quel ragazzotto di Bologna cerca solo di entrare nell'arco costituzionale. Qualunque cosa passi sopra o sotto l'arco".

Che Cossiga fosse un maestro in quanto a tattica politica e parlamentare emerse in tutta nettezza il 9 ottobre dello stesso anno, quando la Camera dei Deputati sfiduciò il governo Prodi, capace di arrivare a 312 voti, contro i 313 dell'opposizione. Decisivo, certamente, fu l'atteggiamento del leader di Rifondazione comunista Fausto Bertinotti, che decise di non sostenere la proposta di legge finanziaria avanzata dall'esecutivo. Ma dietro c'era un lavorio preparatorio dello stesso Cossiga, che stava gettando le basi per spianare la strada verso Palazzo Chigi a Massimo D'Alema. Questo fu chiaro sin da subito, visto che l'Udr rifiutò l'ipotesi di sostituire il suo sostegno parlamentare a quello di Rifondazione, per un Prodi-bis.

L'ex capo dello Stato fece arrivare un messaggio netto sia ai partiti della (ex) maggioranza che al suo successore al Quirinale Oscar Luigi Scalfaro: i voti dei centristi sarebbero stati disponibili solo in caso di nuova alleanza da ricercare in Parlamento, in discontinuità col progetto di alleanza organica fra Pds e Ppi.

E, a suo avviso, il nuovo governo basato su questi principi non poteva che essere guidato dal segretario del partito di maggioranza relativa. La scelta, dunque, doveva cadere su Massimo D'Alema.

Il 21 ottobre del 1998 Massimo D'Alema si insediò come capo di un governo del quale facevano parte molti ministri dell'esecutivo Prodi, ma anche i "cossighiani di ferro" Scognamiglio (che con Berlusconi fu presidente del Senato dal 1994 al 1996), Cardinale e Folloni.

Così parlò l'ex capo dello Stato, per "giustificare" il suo via libera definitivo: "Appoggio D'Alema per patriottismo e anche per coerenza verso me stesso – disse – per restituire la politica alla politica, consegnare la teologia, l'etica e la filosofia al campo loro proprio, affidare il passato alla storia e agli storici il passato. D'Alema è un avversario, ma può diventare anche un collaboratore serio e leale. Ci siamo combattuti quando si combatteva in tutto il mondo, adesso basta. Io dico che il pericolo del comunismo non c'è più nemmeno in Russia, l'unico che continua ad agitarlo è Berlusconi. E comunque io niente ho a che fare con i mercenari. Se io avessi tutti i soldi di Silviotto, o li desiderassi, non sarei certo qua, a capo degli stracci di Valmy".

Fu quella l'occasione nella quale, simbolicamente, il presidente prese in prestito (per la sua nuova avventura politica) l'esempio dell'esercito raccogliticcio con il quale i francesi nel 1792 costrinsero alla resa due super-corazzate come Austria e Prussia.

In verità le motivazioni con le quali Cossiga sostenne la candidatura-D'Alema (almeno quelle ufficiali) non risiedevano solo in una questione tutta politica.

Erano i mesi della pulizia etnica nei Balcani, di una guerra che si combatteva sulle ceneri dalla Jugoslavia disgregata, a pochi chilometri di distanza dall'Italia.

Un conflitto che gli Stati Uniti del presidente Clinton puntavano a far terminare, arrivando a promuovere un intervento armato delle forze Nato.

Nonostante nel dibattito politico italiano l'argomento fosse poco dibattuto, già il governo Prodi aveva dovuto confrontarsi con l'Act order, il meccanismo previsto dalla Nato, con il quale i singoli Paesi vengono messi in allarme.

Fu una delle ragioni per le quali il capo dello Stato Oscar Luigi Scalfaro si trovò d'accordo col suo predecessore Francesco Cossiga nell'escludere l'ipotesi che potessero tenersi elezioni anticipate: "Siamo in uno stato di pre-guerra, in queste condizioni in nessuno Stato civile si sciolgono le Camere". In verità all'intervento italiano nei Balcani, nel marzo 1999, Cossiga ci arriverà già in polemica con la sua ultima creatura politica.

A febbraio, infatti, si consumò la sua rottura con Mastella, da lui pesantemente attaccato: "Sono stato un illuso, questi qua erano interessati solamente alle poltrone, ai gradi di generali, agli organigrammi. Me ne torno a casa, a studiare teologia".

La crisi col centrosinistra viene accelerata dall'emersione del dossier Mitrokhin e dalla questione legata alla commissione d'inchiesta che il Parlamento voleva varare per far luce sull'attività di spie e informatori di Mosca negli anni della guerra fredda. D'Alema, che teneva molto a conservare un canale di dialogo con Cossiga, arrivò a proporgli la presidenza, ricevendo in cambio un cordiale ma fermo diniego. Anche perché Berlusconi e Fini mai avrebbero dato il loro via libera a un'ipotesi del genere.

A dicembre del 1999, con la caduta del primo governo D'Alema, il senatore a vita iniziò a prendere la distanze: "Il presidente del Consiglio è cambiato nel suo atteggiamento, forse è troppo preoccupato di piacere agli ulivisti, a Veltroni e Parisi, e non capisco più dove voglia arrivare". Nei giorni del dibattito parlamentare Cossiga andò in Tunisia a trovare "l'esule" Craxi e dal nord Africa mandò un messaggio di rottura definitiva: "D'Alema mi ha deluso".

È azzardato dire che l'atteggiamento di Cossiga sia stato una delle cause della quasi immediata (ri)caduta di D'Alema, il grande sconfitto delle Regionali del 2000, che sancirono la sua definitiva uscita da Palazzo Chigi.

È certo, invece, che il rapporto tra i due non fu mai intaccato dalle polemiche di quelle ore. Anzi. Nell'intervista – già menzionata – al "Corriere della Sera", in occasione del suo ottantesimo compleanno, Cossiga spese parole di grande apprezzamento nei confronti dell'ex leader dei Ds: "Non so cosa sia il Pd. Io mi iscriverei a ReD, il movimento di D'Alema (in un'altra occasione disse che la stessa cosa avrebbe voluto fare la figlia Annamaria), di cui ho anche disegnato il logo: un punto rosso, cerchiato oro". E ad Aldo Cazzullo, che gli chiedeva i motivi della sua predilezione per l'ex presidente del Consiglio, rispose così: "Perché come me, per attaccare manifesti elettorali, è andato in giro nottetempo con il secchio di colla di farina, facendo a botte. Perché è un comunista nazionale e democratico, un berlingueriano di ferro, e quindi quasi un affine mio, e non della mia bella nipote Bianca, che invece è bella, brava e veltroniana. E poi è uno con i coglioni. Un anti-giustizialista vero, e per questo minacciato dalla magistratura".

Nel giorno della morte del presidente, Massimo D'Alema rilasciò alle agenzie la seguente dichiarazione: "Sono addolorato per la sua scomparsa e onorato dell'amicizia che mi concesse. Abbiamo avuto momenti di incontro, così come aspri conflitti. È stato un protagonista della vita democratica del nostro Paese".

Capitolo 5
Euromissili

"La scelta di avallare l'installazione degli euromissili, nel dicembre 1979, appariva forse singolare. Ma proposi alla maggioranza che sosteneva il mio governo di assumerla, in quanto la Germania aveva fatto sapere che avrebbe risposto di sì solo se anche l'Italia avesse accettato di ospitare i missili a medio raggio Pershing e Cruise. Noi democristiani fummo compatti, e anche i laici e i socialisti. D'altronde l'Italia aveva sempre un rapporto speciale con la Germania occidentale in seno all'Alleanza Atlantica, anche per i legami privilegiati fra i due grandi partiti cristiano-democratici europei, la Cdu e la Dc. Ma la verità è che potemmo installare gli euromissili perché il Pci rinunciò a un'opposizione frontale. Quando Ponomariov venne qui per convincermi con le blandizie e con le minacce a rompere il fronte atlantico, l'altra faccia della sua missione era di spingere i comunisti a scendere in piazza contro i missili. Ma Berlinguer rifiutò".

Così Francesco Cossiga, durante un'intervista a Limes, la rivista italiana di geopolitica, raccontò la più sofferta delle decisioni che dovette assumere da presidente del Consiglio dei ministri. Carica alla quale venne chiamato il 4 agosto del 1979, un anno dopo aver lasciato il Viminale a seguito dell'uccisione di Aldo Moro.

Nel 1977 l'Unione Sovietica cominciò a dispiegare nei suoi territori occidentali un missile balistico di tipo nuovo, chiamato SS20. Trasportava nella propria testata tre ordigni nucleari, disponeva di un eccellente sistema di puntamento e aveva una gittata che gli consentiva di raggiungere tutte le città dell'Europa occidentale e un buon numero di città cinesi, ma non quelle degli Stati Uniti. Il cancelliere tedesco Helmut Schimdt (un socialdemocratico succeduto a Willy Brandt nel 1974) capì subito che gli SS20 avrebbero alterato gli equilibri della guerra fredda e ne fu convinto, a maggior ragione, quando si accorse della reazione degli americani.

Il presidente Carter era impegnato in un difficile negoziato con i sovietici per la limitazione degli armamenti strategici e considerava tali soltanto quelli che erano in grado di colpire il territorio americano. Gli altri erano "tattici" e quindi meno importanti. Con un discorso dell'ottobre 1977 Schmidt denunciò pubblicamente il pericolo e continuò a fare pressioni sugli Stati Uniti sino a quando Washington si offrì di ristabilire l'equilibrio, se i sovietici avessero perseverato, installando missili di media gittata Cruise e Pershing in alcuni Paesi europei dell'Alleanza Atlantica. Schmidt, quindi, aveva vinto la sua battaglia. Ma quando stava per raccoglierne i frutti si accorse che settori importanti dell'opinione pubblica tedesca e una parte del suo stesso partito erano contrari all'installazione di missili americani nella Repubblica federale.

Per aderire alla proposte di Washington il cancelliere aveva bisogno del sostegno di un alleato europeo, schierato come la Germania sui confini della Guerra Fredda e disposto a sfidare l'opinione pubblica accettando i missili americani sul proprio territorio.

La Francia non poteva venire in suo aiuto perché i principi gollisti le impedivano di accogliere basi straniere. La situazione fu sbloccata al Consiglio Atlantico del dicembre 1979 quando Francesco Cossiga, allora presidente del Consiglio, dichiarò che anche l'Italia era disposta ad accogliere, se i negoziati con l'Urss fossero falliti, missili americani.

Più tardi, dopo la sua elezione alla presidenza della Repubblica francese, François Mitterrand dette una mano a Schmidt dicendo ironicamente: "Vedo i pacifisti in occidente e gli euromissili all'Est".

Ma l'aiuto determinante fu quello di Cossiga, che era imprevedibile in tutto fuorché nelle questioni che concernevano il ruolo dell'Italia nell'Alleanza Atlantica e il suo rapporto con gli Stati Uniti. Ne fornì un'altra prova, come noto, all'epoca della guerra del Kosovo.

Nel 1979 il capo dello Stato Sandro Pertini lo aveva scelto per succedere a Giulio Andreotti, in un momento in cui la Democrazia Cristiana era ancora alla ricerca di nuovi equilibri interni. Il suo poteva (o doveva?) essere un governo balneare, eppure seppe sopravvivere fino all'ottobre dell'anno successivo. Una media di tutto rispetto, visto l'andazzo del periodo.

La scelta di dare o meno il via libera agli euromissili, che la Nato

voleva dispiegare per tenere sotto scacco l'Unione Sovietica e le forze del Patto di Varsavia, divenne non più rinviabile nel dicembre del
1979. "Berlinguer e io avemmo dei divertentissimi colloqui – raccontò
ancora Cossiga – due cugini sardi, che nel salotto buono di Tonino
Tatò (che era segretario di Enrico), mangiando panini al prosciutto preparati dalla padrona di casa (Giglia Tedesco), discutevano di
questioni strategiche e di missili, è una cosa che non dimenticherò
mai. Oggi posso dire che allora informai gli alleati che per far passare gli euromissili avevo bisogno, non dico di una politica bipartisan,
ma almeno di informare correttamente l'opposizione. Per questo mi
feci dire dalla Nato ciò che era un segreto non comunicabile al Pci,
e diedi garanzie sull'affidabilità di Berlinguer. Devo dire che noi, per
rispetto verso il Pci, non approfittammo quanto avremmo potuto dei
loro canali di comunicazione con Mosca per conoscere le reali intenzioni del Cremlino e le sue "covert operations" in Italia. Un giorno
potrò raccontare come io stesso, dopo la caduta del Muro di Berlino,
mi preoccupai di impedire che il crollo dell'Unione Sovietica creasse
imbarazzo al Partito comunista italiano".

L'elezione del socialista Sandro Pertini alla presidenza della Repubblica, dopo gli scandali che avevano affossato il suo predecessore (il
democristiano napoletano Giovanni Leone) sembrava aver riportato
un po' di serenità nella tormentata politica italiana, ancora squassata
dal caso Moro e impegnata nella lotta con le Br e con l'eversione.
Quest'ultima, spesso, "bussava" con stragi non rivendicate o di chiara
matrice "nera". Fu il caso della bomba sul treno Italicus e quella alla
stazione ferroviaria di Bologna, collocata proprio durante la presenza
del futuro presidente della Repubblica a Palazzo Chigi.

L'avvento di Cossiga fu tormentato. Il primo a ottenere un incarico, dopo le dimissioni forzate di Giulio Andreotti, fu il socialista
Bettino Craxi, ben presto costretto a rinunciare. Subito dopo toccò
al democristiano Filippo Maria Pandolfi, a sua volta affossato dai veti
incrociati interni alla Dc. Lo Scudo crociato indicò Arnaldo Forlani,
ma il "coniglio mannaro" di Pesaro valutò che i tempi per lui non
erano ancora maturi. In questo quadro di rinunce, sgarrettamenti e
sgambetti, in piena estate tornò in auge il nome di Cossiga.

La sua presidenza del Consiglio, come detto, non fu una passeggiata in carrozza. E il problema maggiore, a posteriori, fu proprio quello
dell'installazione degli euromissili Pershing e Cruise per fronteggiare
gli SS20 di Mosca.

Mentre la politica trattava, fuori dai palazzi tornarono in auge i pacifisti, che erano stati in sonno per parecchio tempo. "Il Kgb contattò questi gruppi, cercò gli antiamericani, fornì informazioni e materiale e di propaganda, finanziò le manifestazioni", disse, anni dopo, l'allora capo del governo. Ma non è tutto. "In quel famoso colloquio con Berlinguer a casa Tatò parlavamo di gittata, di orbite, di potenza, di numeri. Mi veniva da ridere, perché tutti e due sapevamo benissimo che a me le informazioni le forniva la Nato, a Berlinguer l'Urss, il Pcus e il Kgb. Ma non per questo mi sognerei di dire che Berlinguer era una spia sovietica". Proprio sulla delicata vicenda euromissili Cossiga aveva incontrato Ponomariov, il capo delle relazioni internazionali di Mosca, che era stato un intimo di Stalin, di Krusciov, di Breznev. Il ricordo di quell'incontro, per il futuro capo dello Stato, fu incancellabile: "Durò dalle tre alle quattro ore. Ponomariov alternava il dolce all'amaro, lo zuccherino alle minacce. In pratica disse: vi raderemo al suolo. Prospettò i pericoli fisici, capito? – rivelò Cossiga in un'intervista a Ugo Magri – i pericoli fisici che avrebbe corso il nostro Paese se avesse istallato gli euromissili. Ricordo che un a certo punto mi rimproverò perché avevamo aperto una base per sommergibili aggressivi alla Maddalena. Io replicai: "Alla Maddalena non c'è nessuna base, lì ripariamo soltanto sommergibili killer che servono non per scatenare attacchi contro di voi, ma per dare la caccia ai vostri sommergibili nucleari pronti a colpirci. Se vuole, andiamo insieme alla Maddalena e glieli faccio vedere". Ma non ci fu il bisogno.

In ogni caso la storia della Repubblica racconterà che fu proprio il presidente del Consiglio Francesco Cossiga a chiedere al Parlamento di ratificare l'adesione al piano Nato di riequilibrio, tramite installazione dei missili di nuova generazione, delle forze nucleari di teatro a lungo raggio, contestuale a un negoziato per la non proliferazione e riduzione dell'arsenale dispiegato. A confermare gli impegni presi nell'ambito dell'Alleanza Atlantica furono poi i successivi governi Spadolini (il primo guidato da un non-democristiano) e Fanfani.

Ma il governo Cossiga, come detto, non fu caratterizzato solo dalle scelte assunte in Europa o, comunque, sul piano internazionale. Già in quell'occasione, il politico sardo dovette far fronte (come gli era già capitato ai tempi del sequestro Moro e come succederà ancora nel 1992, al termine della sua presidenza della Repubblica) a una messa in stato d'accusa da parte di una consistente ala del Parlamento.

Era il 1980 e il Pci propose l'inchiesta parlamentare, con votazione in seduta comune, attraverso una procedura che si concluse poi con l'archiviazione. L'accusa era quella di aver rivelato al compagno di partito (il senatore Carlo Donat Cattin, leader della corrente Forze Nuove, ministro in carica) che suo figlio Marco era indagato e prossimo all'arresto, essendo coinvolto in episodi di terrorismo. Il Pci accusava Cossiga di favoreggiamento personale e rivelazione di segreto d'ufficio. E persino di aver suggerito al collega democristiano di far espatriare il figlio.

A salvare l'allora presidente del Consiglio fu il Parlamento, che ritenne manifestamente infondata l'accusa. I sospetti su Cossiga arrivavano dalla magistratura di Torino, in seguito alle dichiarazioni di un pentito di Prima Linea, tale Roberto Sandalo. Quest'ultimo aveva riferito che Donat Cattin junior era stato preavvisato di un possibile arresto da fonti politiche vicine al padre.

Il nome di Cossiga venne fatto direttamente da Enrico Berlinguer, che fu molto deciso nel sostenere che la fuga di notizie potesse essere arrivata solo da lui.

Marco Donat Cattin, uno dei leader di Prima Linea, venne comunque arrestato in Francia nel 1980 ed estradato in Italia l'anno successivo. Dissociatosi dalla lotta armata, poté ottenere consistenti sconti di pena. Tanto che nel 1987 venne ammesso alla libertà vigilata. Nel 1988, a 35 anni, trovò la morte su un'autostrada. Era sceso dall'auto per segnalare un incidente in una zona pericolosa. Venne travolto e rimase ucciso sul colpo. Nel 2007 Cossiga, in un libro scritto con l'amico giornalista Pasquale Chessa, rivelò a sorpresa di aver davvero avvertito Carlo Donat Cattin che suo figlio Marco era un terrorista di Prima Linea.

Quella stessa vicenda venne, nei giorni successivi, da lui stesso ricostruita in una intervista concessa sempre ad Aldo Cazzullo, per il "Corriere della Sera": "Vennero da me Virginio Rognoni, che era il ministro degli Interni, e Flaminio Piccoli, segretario della Dc. Patrizio Peci, il primo pentito del terrorismo, aveva cominciato a parlare. E aveva fatto il nome di Marco Donat Cattin. Rognoni mi chiese: "Diglielo tu a Donat Cattin, perché io non ci vado d'accordo". Presi su di me la grana. Verificai la notizia con il generale Dalla Chiesa. E avvertii il mio ministro che suo figlio era ricercato. Va detto che non sapevo di quanti e quali reati si fosse macchiato il ragazzo; ignoravo che fosse nel gruppo che aveva assassinato il giudice Emilio Alessandrini. E chiesi a Donat Cattin di dire al figlio di consegnarsi e raccontare tutto quanto sapeva. Ricordo che lui si mise a piangere. Mi disse che non sapeva dove fosse suo figlio, ma sperava di entrare in contatto con lui attraverso un suo amico, un ragazzo che aveva aiutato a uscire dal giro, raccomandandolo per fare l'ufficiale degli alpini, un tale Roberto Sandalo. Fu il generale Dalla Chiesa ad aprirmi gli occhi e a spiegarmi che secondo le sue informazioni Sandalo era già stato arrestato in segreto, e poi rimesso in libertà a seguito di un accordo tra il giudice Caselli e la polizia, con l'obiettivo di usarlo come agente provocatore e incastrare Donat Cattin. Dalla Chiesa di questo era convinto".

Cossiga rivelò anche le modalità con le quali si arrivò alla sua messa in stato d'accusa: "La vera ingenuità la commisi quando ne parlai con il segretario del partito comunista, Enrico Berlinguer. Stavamo per salire sull'aereo diretto a Belgrado, per i funerali di Tito, quando il capo della polizia Giovanni Rinaldo Coronas mi avvertì del fatto che era partito il mandato di cattura per Marco Donat Cattin. Mi venne spontaneo raccontare in diretta la tragedia a Berlinguer. Era il mio compagno di viaggio, ed era pur sempre mio cugino. Ma era anche il capo del principale partito di opposizione. E questo forse l'avevo sottovalutato. Berlinguer era ossessionato dall'esigenza di dimostrare che senza il Pci non si poteva governare. Così chiese le mie dimissioni, ma il suo vero obiettivo era escludere dalla maggioranza di governo il Psi di Craxi. Annunciò una raccolta di firme per la mia incriminazione, e mandò il suo portavoce Tonino Tatò dal mio, Luigi Zanda, con un messaggio: se mi fossi dimesso, la campagna contro di me sarebbe finita".

Cossiga aggiunge un'altra rivelazione: "Rifiutai di scaricare la responsabilità su Rognoni o sul capo della Polizia. E rifiutai di scaricare Donat Cattin, come mi chiese ancora Berlinguer, con un'ultima offerta. Intanto nel Pci erano divisi: Pecchioli si era schierato dalla mia parte. Come Ingrao. E Pajetta sostenne: "Non so cosa Cossiga abbia veramente detto a Donat Cattin; ma so che ha detto né più né meno di quanto avrebbe detto a ciascuno di noi qui dentro, se avessimo un figlio nelle stesse condizioni". Berlinguer mi offrì una cena parca, a base di minestrone, e una via di uscita. Potevo restare a Palazzo Chigi. Ma avrei dovuto chiedere la testa di Donat Cattin, dicendo che il padre di un terrorista non può fare il vicesegretario della Dc. Io lo mandai affanculo e lui non fece una piega. Del resto, era un uomo freddissimo, tranne che con i suoi figli. Si alzò, mi porse la mano, ci congedammo".

Il primo governo Cossiga cadde in Parlamento nel marzo 1980, ufficialmente per la bocciatura del decreto anti-inflazione. La verità è che molto incisero i risultati del congresso della Democrazia Cristiana, tenutosi in febbraio. L'allora presidente del Consiglio non era mai stato un uomo capace di contare nel partito, di stringere alleanze sulle tessere o di chiudere accordi con i grandi capi-corrente. In quell'inverno del 1980 a uscire vincente fu Arnaldo Forlani, che seppe coagulare attorno alla sua mozione un consenso che si aggirava attorno al 57 per cento.

Prudente com'era, l'allora presidente dello Scudo crociato ritenne che i tempi per assumere la guida del governo non fossero comunque maturi. Per questo, quindici giorni dopo le dimissioni, Cossiga venne incaricato di formare il suo secondo governo. Ma il tempo era ormai compiuto. Dopo l'estate, alla Camera, c'era l'appuntamento col decretone economico, che conteneva anche le misure che avrebbero favorito lo sbarco dei giapponesi sul mercato italiano dell'auto.

Una "liberalizzazione" che avrebbe portato parecchi miliardi nelle casse dello Stato ma che era vista dalla Fiat come il fumo negli occhi. A scrutinio palese la fiducia passò con 329 sì e 264 no. Più avanti, sull'applicazione dell'accordo per quel che riguarda il settore dell'auto, si passò allo scrutinio segreto e il governo venne impallinato da 32 franchi tiratori, tutti provenienti dalle fila della Dc. A favore votarono in 297 e contro 298. Cossiga dovette dimettersi e far posto proprio al compagno di partito Arnaldo Forlani.

Nei mesi successivi dirà di conoscere non solo nomi e cognomi dei suoi compagni di partito che lo avevano tradito nella votazione segreta, ma anche "quanti confetti ognuno di loro ha mangiato il giorno della Prima comunione". Anche in questo caso, comunque, il rientro nei ranghi sarà molto breve. Appena due anni e mezzo dopo, infatti, per Francesco Cossiga si spalancheranno le porte della presidenza del Senato.

Capitolo 6
Felix il gatto

Uno dei bersagli preferiti dell'ultimo decennio trascorso da Francesco Cossiga sulla scena politica è stato senz'altro Walter Veltroni. A lui l'ex presidente della Repubblica imputava quell'essere alternativo al "meglio figo del bigoncio", identificato in Massimo D'Alema. Ma anche l'essere "più ulivista degli ulivisti" e l'aver dichiarato pubblicamente di "non essere mai stato comunista".

Anche per questo l'ex presidente Cossiga non mancava di punzecchiare pubblicamente il vicepremier che, nel 1996, Prodi si era scelto per officiare il matrimonio ("di rito dossettiano") tra i cattolici di sinistra e gli eredi del grande Partito comunista.

Cossiga ha sempre ripetuto che non ci fu nessun complotto per fare cadere il governo guidato dal professore bolognese: "Semmai ce ne fu uno di segno opposto, perpetrato due anni dopo, per defenestrare D'Alema – ricordò, a posteriori. Si iniziò con la candidatura di Carlo Azeglio Ciampi al Quirinale, ideata da Veltroni e Prodi per mettere in difficoltà il governo. Quanto al 1998 è vero il contrario: D'Alema a Palazzo Chigi non voleva saperne di andare".

In un certo senso, rifletté l'ex capo dello Stato all'epoca della caduta del secondo governo Prodi, nel 2008, "fu lo stesso discorso fatto dieci anni dopo da Veltroni, che rifiutò di andare a Palazzo Chigi senza passare per le urne, scegliendo di farsi radere al suolo da Berlusconi. Anche D'Alema, a suo tempo, aveva detto che non sarebbe voluto andare al governo senza un passaggio elettorale. E non voleva saperne di smentirsi".

Parlando di Veltroni, e delle cose della politica che lo divisero da lui, Cossiga ha rivendicato il merito di aver convinto D'Alema ad accettare l'incarico di succedere a Prodi, rinunciando all'alleanza con

Rifondazione comunista e accettando i voti dell'Udr: "Lo feci con un argomento semplice ma inattaccabile. Gli dissi: il fatto che tu abbia detto una cazzata non significa che debba anche farla. Massimo recalcitrò sino all'ultim'ora. Come, del resto, fece anche Scalfaro. Non a caso chiesi e ottenni di essere consultato per ultimo, in aperta violazione del cerimoniale. Scalfaro mi disse: "ti rendi conto che il 40% degli italiani pensa ancora che i comunisti mangiano i bambini, e un altro 40% ha ancora in casa l'altarino di Stalin?". Me ne rendevo conto, ma era ora di voltare pagina".

Archiviato il governo D'Alema, la "disamistade" tra Cossiga e Veltroni (a onor del vero, del primo nei confronti del secondo) durò a lungo. Le ostilità iniziarono all'indomani del varo del secondo governo Amato, nel 2000. Fu quella l'occasione nella quale l'ex presidente ritirò fuori una delle sua fantasiose immagini, già usata in passato per cercare di ridicolizzare Veltroni: "Questo governo è un miracolo della zoologia – sentenziò – il gatto Felix (Veltroni, appunto), dopo aver azzannato il leone D'Alema, ha partorito il topolino Amato. E pensare che i democratici parlavano di complotto".

Qualche mese dopo, in occasione del ballottaggio nelle elezioni per il sindaco di Roma, Cossiga seppe essere ancora più caustico: "Non andrò certo a votare per il ballottaggio

– fece sapere ai giornali – visto che ho dichiarato che non voterò mai per Tajani, non vorrei far credere alla gente che la mia preferenza possa essere indirizzata a Veltroni-Gatto Felix. Anche se, a dire il vero, un buon motivo per votare Veltroni ci sarebbe: quello di togliere di mezzo un ulivista dai piedi dell'amico Massimo D'Alema".

Qualche mese prima, interrogato sul perché di quel soprannome che richiamava un personaggio dei disegni animati Usa, l'ex capo dello Stato era stato sibillino: "Per me lui è il gatto Felix perché sa molto di cinema e poco di diritto e di politica".

Il povero Veltroni non venne risparmiato nemmeno durante gli anni nei quali ebbe grandi successi personali ed elettorali, come sindaco di Roma: "La vittoria di Walter Veltroni? Personalmente lo considero un bel bravo ragazzo. Invece di darsi alla politica, se si fosse dato al suo vero mestiere, quello di operatore cinematografico, avrebbe regalato alla cinematografia italiana e mondiale, magari a colori, scene indimenticabili come quella di una carrozzella con un bambino dentro che scivola lungo una scalinata dal film "La Corazzata Potemkin" di Ejzenstejn".

Non c'era niente da fare: l'antipatia nei confronti dell'avversario politico e il sarcasmo avevano sempre la meglio: "Il trionfo di Veltroni è una banalità furba e intelligente, un regalo alla vera sinistra, a chi crede ancora nei valori del socialismo europeo e della grande tradizione del grande partito comunista di Gramsci, Togliatti e Berlinguer".

Quell'antipatia, ostentatamente manifesta, non si affievolì nemmeno col passare degli anni. Nel 2008, all'epoca del confronto elettorale tra Berlusconi e Veltroni, il senatore a vita definì la posizione politica del leader di centrosinistra come "ondeggiante tra quella di un naziriformista e quella di un riformista del nulla".

A gennaio 2009, quando Veltroni stava per lasciare la guida del Pd (lo fece a seguito della sconfitta elettorale di Soru contro Cappellacci, nelle Regionali sarde di febbraio), Cossiga gli dedicò un ultimo cattivo pensiero, col quale ironizzava sul suo essere eccessivamente "filo-democrat" nell'approccio alla politica Usa: "So che dopo la bella e coraggiosa intervista ad Al Arabiya del presidente Usa Obama, Walter Veltroni ha presentato domanda alla Corte d'Appello di Roma per poter cambiare il suo nome in Walter Hussein, e che si è presentato alla moschea di Roma per farsi musulmano".

A novembre dell'anno precedente, ancora una volta ironizzando sulle prese di posizione di Veltroni a proposito del fenomeno-Obama, l'ex presidente sparò ancora più forte. Per festeggiare la vittoria del primo afro-americano eletto alla Casa Bianca, pensò di indirizzare un telegramma al capo del Pd. Missiva che trasudava ironia: "Caro Veltroni, ti invio le mie più vive congratulazioni per il grande successo ottenuto da te e dal Partito Democratico, che oggi guidi, con la elezione di Barack Obama alla Presidenza degli Stati Uniti, elezione alla quale hai certamente dato un contributo decisivo con la tua presenza negli Usa".

Mesi prima altro intervento al vetriolo, dopo una convention del Pd, che si era tenuta a Firenze: "Nel discorso di Walter Veltroni alla festa del Pd di Firenze ho trovato le stesse invettive contro i gerarchi che hanno tradito, contro gli ingrati profittatori di regime, che usò Benito Mussolini nel famoso discorso tenuto al teatro Lirico di Milano prima che la Repubblica Sociale Italiana avesse il suo tragico epilogo". Nel corso di quello stesso ragionamento un'altra battuta fulminante: "Veltroni si intende di cinema e di Africa. Non costringiamolo a capire anche questa cosa. Lui è per il "ma anche", per il giustizialismo e per l'anti-giustizialismo, allo stesso tempo per il freddo e per il caldo".

Eppure, nel 2008, quando l'ex presidente raggiunse il traguardo degli 80 anni, Veltroni non gli fece mancare gli auguri per il compleanno. Per ringraziarlo l'ex capo dello Stato, nel corso della già citata intervista sul "Corriere", lo definì "un perfetto doroteo: parla molto, e bene, senza dire nulla".

Sempre in quell'anno, in una conversazione col vicedirettore di "Libero" Renato Farina, confermò l'impressione negativa: "Veltroni è il riformismo del nulla. Si è lasciato convincere che ora-o-mai-più, da qui la sua lotta politica fatta di gossip e attacchi forzati – disse, dopo il successo elettorale che aveva riportato Berlusconi a Palazzo Chigi – in questo gioco trova una buona sponda nell'integralismo cattolico di Dario Franceschini. I ReD del mio amico Massimo D'Alema sono opposizione, ovvio: ma è un'opposizione politica. D'Alema ora ha subito un avvertimento con l'assoluzione del Gip Clementina Forleo da parte del Consiglio superiore della magistratura. Ciò significa la volontà di consentire al Parlamento europeo il via libera all'uso delle intercettazioni con la motivazione fornita dalla Forleo: e cioè che erano parte di un disegno criminoso. Il Csm in pratica avalla un rinvio a giudizio di D'Alema".

Un'altra volta, sempre in epoca recente, l'ex presidente si ritrovò a essere oggetto di minacce da parte di un gruppo terrorista mediorientale. A chi gli chiedeva, scherzosamente, se un commando omicida non potesse essergli inviato da Berlusconi e Veltroni rispondeva, come sempre, affidandosi all'ironia più spinta: "Il Cavaliere al massimo potrebbe mandarmi un manipolo di signorine, se avessi l'età le chiamerei le Brigate Gnocche. Veltroni, invece, mi manderebbe Rin Tin Tin". Facendosi più serio, aggiunse che uno dei fallimenti dell'allora leader del Pd era legato al mancato accordo col centrodestra in tema di riforma della giustizia: "Veltroni non è un interlocutore serio, perché le matrici del Pd sono illiberali ed è legatissimo agli Umberto Eco e ai Gianni Vattimo, con le loro piazze grilline e dipietriste. E non mi si parli dei cattolici democratici. I Franceschini, i Lusetti, lo sbardelliano Fioroni. Veltroni è così, ed è anche kennedian-clintonianlewinskiano. Ora, abbracciandolo, trascinerà nel naufragio anche Obama. Io sono anche convinto che il finanziatore oscuro del Pd veltroniano sia Berlusconi. Lui è quello che ci guadagna di più, da un'opposizione di questo tipo".

Tornando al 1998, Cossiga destinò a Veltroni uno dei regali "simbolici" che era uso fare ai protagonisti della vita pubblica. Al segretario dei Ds, che con la caduta del governo Prodi aveva appena perso il posto da vicepremier, il senatore a vita regalò burro e olio: "Io sono ostile all'Ulivo e da tempo uso solo il burro per cucinare. Ma sarebbe stato scortese presentarmi solo con il burro".

Già detto del bambino di pan di zucchero regalato a D'Alema in occasione del voto di fiducia al suo governo, gli altri regali che fecero pubblicamente scalpore furono almeno quattro.

Si cominciò nel 1991, quando il senatore Dc Franco Mazzola ricevette in dono da Cossiga un sacchetto con trenta monete d'oro (di cioccolata), promettendo di ricambiare con un libro che rivaluta la figura di Giuda.

Due anni dopo, sempre sotto Natale, addirittura un trittico di regali: un triciclo, un cavallo a dondolo e un gioco da detective Cluedo all'indirizzo dell'allora procuratore capo di Palmi (in Calabria) Agostino Cordova, che per uno di questi doni denunciò il mittente per offesa a pubblico ufficiale.

Per il Natale del 1999 il destinatario del dono cossighiano fu ancora D'Alema: questa volta si trattò di un orologio con il volto di Mao e la dedica "al grande timoniere".

Lo stesso anno Cossiga individua un'altra vittima: il senatore della sinistra Cesare Salvi, al quale fece recapitare una confezione di pannoloni, a sottolineare una certa "incontinenza dichiaratoria".

Capitolo 7

Gladio

"Sul giudizio che gli americani avevano su di noi già negli anni '60 ha sempre pesato il sospetto del neutralismo. I nostri alleati ci consideravano atlantisti per necessità e non per convinzione. Di noi non si fidavano ciecamente. Basti ricordare che nella rete di Stay Behind prima di noi entrò la Germania. A noi, anzi, non ci volevano proprio. Entrammo solo per la mediazione della Francia".

Non c'è stato, forse, altro argomento sul quale Cossiga è stato così intervistato o interpellato come quello sull'esistenza e il funzionamento di Gladio, la struttura super-segreta che avrebbe dovuto contrastare un'eventuale presa del potere anti-democratica da parte del mondo comunista.

"Ma la definizione Gladio è un'invenzione pura – amava chiarire l'ex presidente – tutti sanno benissimo che non c'è un documento in cui si parli di Gladio. Io intendo la rete atlantica di Stay Behind (l'acronimo era S./B.), che avrebbe dovuto organizzare la resistenza nei paesi alleati in caso di aggressione dall'Est. Un organismo di non grandissima importanza, creato sulla base dell'esperienza dello Special operation executive, voluto da Churchill e dell'OSS americano".

Eppure l'esistenza di quella struttura gli creò non pochi problemi. Nell'ottobre del 1990, un anno dopo la caduta del muro di Berlino, l'allora primo ministro Giulio Andreotti decise di mettere a disposizione del pubblico ministero di Venezia Felice Casson (oggi in politica con il Partito democratico) gli archivi segreti del Sisde.

Il segreto istruttorio venne svelato e i giornali iniziarono a parlare di doppio Stato e di un esercito golpista promosso dalla Dc e dai fascisti, in combutta con gli Stati Uniti. Cossiga, all'epoca presidente della Repubblica, si trovava nel Regno Unito quando la polemica scoppiò e il Pci iniziava a parlare di tradimento dello spirito repubblicano.

Ma cos'era veramente Gladio? Cossiga lo spiegò in più di una intervista, senza remore. Anche perché, a undici anni di distanza dallo scandalo del 1990, un processo si accertò di mandare assolti tutti i vertici di quella struttura parallela e segreta: "Fin dal 1951 era stato studiato un piano per raccogliere informazioni e compiere azioni di contrasto nella parte del territorio nazionale che fosse caduta sotto occupazione nemica e nella quale, ragionevolmente, si sarebbe instaurato un governo minoritario comunista, tutelato dalle baionette sovietiche – raccontava l'ex presidente – del resto l'Italia si trovava proprio sul crinale della cortina di ferro. In questa situazione lo Stato Maggiore della Difesa aveva previsto l'eventualità che le nostre Forze armate non fossero in grado di reggere all'urto di un'invasione militare dall'Est, specie se supportata da forze di sovversione interna. Aveva conseguentemente ipotizzato che, al verificarsi dell'emergenza, potesse essere stimato più conveniente dal punto di vista militare attestarsi su una linea più arretrata del confine, per tentare di resistere all'urto di forze militari preponderanti. Si sperava di conservare la Sardegna, la Sicilia e la provincia di Reggio Calabria. Lo Stato Maggiore pensava che, in caso di occupazione del territorio nazionale, occorreva dotarsi di una organizzazione clandestina con il compito di svolgere attività di informazione, propaganda, resistenza, sabotaggio delle installazioni nemiche. E poi anche esfiltrazione, infiltrazione, attività di spionaggio e guerra non convenzionale. Alla fine era una delle migliori organizzazioni clandestine nell'Alleanza atlantica".

Posto che già dal 1951 c'era un embrione di organizzazione, l'ingresso ufficiale dell'Italia nella rete di Stay Behind è da datare al 1964, due anni prima che il sottosegretario alla Difesa Francesco Cossiga ricevesse la delega per il coordinamento e il consolidamento della struttura.

La polemica su Gladio, a dirlo sono la storia e l'incrocio delle date, segnò l'inizio della fase-due del mandato quirinalizio di Cossiga. Dopo cinque anni da notaio, il presidente della Repubblica prese a esternare in maniera pressoché quotidiana, arrivando a sfidare sia il potere giudiziario che una parte del Parlamento. Il 30 ottobre del 1990, come già detto, da Venezia iniziarono gli "spifferi" sull'esistenza della rete clandestina e sul coinvolgimento del capo dello Stato. Il 3 novembre il Pci iniziò a sparare ad alzo zero e, qualche giorno dopo, il presidente del Consiglio Giulio Andreotti dovette intervenire in Senato, difendendo la legittimità dell'organizzazione militare segreta e il ruolo di Cossiga.

A non mollare la presa fu la magistratura. Il giudice Casson, qualche giorno dopo, si dichiarò incompetente a indagare per la parte che riguardava l'inquilino del Quirinale, non prima di avergli comunque chiesto la disponibilità a testimoniare.

La risposta del presidente della Repubblica non si fece attendere: in una lettera pubblicata su un quotidiano, Cossiga dichiarò la piena disponibilità a rendere di sua iniziativa ogni opportuna informazione al Comitato parlamentare per i servizi segreti, così come all'ufficio di presidenza della Commissione parlamentare d'inchiesta sul terrorismo sulle stragi: "Sono pronto a invitare questi organismi a un colloquio nella sede del Quirinale. Io non ho nulla da nascondere".

Il Pci di Occhetto, nel frattempo, organizzava manifestazioni di piazza, finendo al centro delle polemiche per alcuni slogan – oggettivamente sopra le righe – urlati da qualche partecipante all'indirizzo del capo dello Stato. Intanto, a dicembre, si decise di svolgere un'audizione (e non un interrogatorio) del presidente sui temi dell'inchiesta che in quel momento stava dividendo l'Italia.

La "relazione del presidente della Repubblica al Comitato parlamentare di controllo dei servizi segreti" (tecnicamente si chiamò così) ebbe inizio alle 9 e 45 del 15 marzo 1991 negli uffici del Quirinale e durò circa tre ore. Cossiga si era preparato a dovere e "stese" i commissari con un lungo e dettagliato racconto che pareva una lezione di storia sulla guerra fredda. "Parlai dei timori del Sifar negli anni '50, indotti dalle relazioni dei servizi d'informazione americani e inglesi, che riferivano dell'intenzione da parte dei sovietici di mettere progressivamente le mani sull'Italia, interpretata come un avamposto dell'Occidente nell'Europa divisa in blocchi – raccontò, anni dopo, il presidente – descrissi dettagliatamente com'era stata organizzata l'eventuale resistenza alle truppe d'invasione russe e spiegai i sistemi che erano stati adottati nel resto dei Paesi Nato continentali. Ancora, posi l'accento sul fatto che il "reclutamento" aveva riguardato soprattutto ex partigiani o ex militari residenti in Lombardia, nel Veneto, in Friuli o nel Trentino, data la loro vicinanza al confine. Spiegai che il centro di comando era stato individuato nella base di Poglina, a Capo Marrargiu, in territorio di Alghero. Questo perché, in tutti gli scenari (anche quelli più foschi), prevedevamo di riuscire a mantenere il controllo della Sardegna. E sull'Isola sarebbe stato dunque più facile allestire il comando generale per la resistenza. Li sorpresi tutti quando tirai fuori un rapporto che arrivava dall'Ungheria. Là si svolgevano operazioni militari su un fiume che aveva le stesse identiche caratteristiche del Po. Perché, come spiegherà un alto governante ungherese, proprio nella valle padana le Forze armate magiare erano state incaricate di sbarcare da Est, in caso di invasione dell'Italia. Certo, parlai anche dei depositi di armi e di apparecchiature di trasmissioni che erano stati nascosti in varie zone del nord Italia, perché fossero disponibili in caso di invasione. Si trovavano anche in cimiteri e chiese, sotto gli altari. Non mi trattenni nemmeno dal chiarire l'esistenza di una "Gladio rossa", che si addestrava in Cecoslovacchia e Ungheria, agendo su basi che militarmente erano parecchio superiori alle nostre. E poi sorpresi i commissari con un discorso che avevo mandato a memoria e che ripetei tenendo ben alto lo sguardo: "Considero un privilegio essermi occupato, anche se in forma molto modesta, di una struttura posta a difesa del Paese. Salvo le responsabilità individuali, considero patrioti coloro i quali hanno operato nell'organizzazione Stay Behind. Quelli di Gladio erano patrioti. Non avevano alcun utile economico. Alcuni avranno avuto il gusto dell'avventura e vi può essere stato qualcun altro che era un poco di buono, ma questo non mi interessa. Sono persone, queste, alle quali abbiamo fatto perdere la reputazione con la pubblicazione dei loro nomi in poco onorevoli liste di proscrizione, che sono stati additati al pubblico ludibrio come eversori e criminali. Io non posso che definirli patrioti". Chiuse l'incontro con un altro colpo di teatro: "Se volete essere invitati quando terrò il ricevimento per i 500 e più patrioti di Stay Behind, ditelo liberamente e vi inviterò. Se invece vorrete ancora parlare di questi argomenti con me, tornate di pomeriggio. Vi offrirò un tè o una cioccolata coi pasticcini". Nessuno rispose.

In quello stesso 15 marzo 1991, Cossiga completò la reazione all'accerchiamento al quale sosteneva di essere condannato, scrivendo una lettera al presidente del Consiglio Giulio Andreotti. Una missiva che aveva il sapore della sfida istituzionale. Ecco il testo:

"Onorevole presidente, allorché lo Stato repubblicano e democratico ritenne che fosse opportuno costituire la struttura italiana delle Stay Behind nets, quale forza di difesa nazionale nell'ambito dell'Alleanza atlantica a protezione del territorio italiano contro il potenziale nemico invasore e il governo collaborazionista che questo avrebbe costituito, molti cittadini risposero con entusiasmo e senso di responsabilità, senza attesa di ricompensa alcuna all'appello della Patria. In questi quarant'anni di duro confrontarsi tra i Paesi liberi dell'Alleanza atlantica da una parte e l'Unione sovietica e i suoi Stati satelliti dall'altra, questi cittadini, donne e uomini, ex partigiani, ex militari, gente comune, in silenzio, con lealtà e dedizione nelle formazioni di Stay Behind hanno servito la Patria e le istituzioni. Sciolti dai doveri da essi liberamente assunti nell'aderire alla struttura ed esemplarmente adempiuti, primo tra tutti quello della riservatezza a tutela di essenziali interessi militari nazionali e alleati, verso di essi rimane, da parte dello Stato, l'obbligazione giuridica e morale di considerarli leali e fedeli servitori della Repubblica, sinceri patrioti che hanno ben meritato la riconoscenza della Patria.

Come capo dello Stato e comandante delle Forze armate, credo sia mio dovere preciso e mio potere chiedere al governo della Repubblica che esso, nella sua competenza, promuova l'istituzione di una croce commemorativa per la missione militare di pace della forza di difesa in Italia e in Europa denominata struttura nazionale delle Stay Behind nets e ne decreti il conferimento a quei militanti che, insieme al corretto adempimento dei loro doveri specifici, si dimostrarono nella loro personale vita cittadini probi e servitori leali della Repubblica.

Da parte mia, sarà mio onore invitare prossimamente al palazzo del Quirinale i militanti della forza di difesa ormai disciolta con i loro ex comandanti militari e con i dirigenti delle associazioni e delle organizzazioni partigiane, primieramente l'organizzazione Osoppo, così crudelmente colpita durante la guerra partigiana e dopo, e che diedero essi così ampia collaborazione, per loro esprimere, quale presidente della Repubblica, capo dello Stato e comandante delle Forze armate, l'ammirazione e la gratitudine della Nazione. Voglia gradire, onorevole presidente, i sensi della mia più alta considerazione."

Firmato Francesco Cossiga, affezionatissimo.

Il 21 novembre 1992 Cossiga non era più presidente della Repubblica. Dopo le dimissioni dell'aprile di quell'anno, aveva trascorso un lungo periodo di vacanza a Dublino, lontano dalle tensioni di un'annata (con le stragi Falcone e Borsellino, lo scoppio di Mani Pulite e il crollo della prima Repubblica) che si rivelò drammatica. Si era dimesso, quasi ritirato a vita privata, ma non rinunciava a esternare.

A volte lo faceva intervenendo, quasi sempre telefonicamente, ai programmi d'informazione che iniziavano a conquistarsi il prime time. Il 21 novembre del 1992 una di quelle sue scorribande passò alla storia.

Il campo era quello della trasmissione di Giuliano Ferrara, chiamata "L'istruttoria", in onda su Italia 1.

"Scriva, prenda un foglio e scriva. Altrimenti poi come farà a denunciarmi?". E giù un elenco di provocazioni. In quegli anni Cossiga, quando parlava di Gladio, non poteva fare a meno di perdere la pazienza. A quella trasmissione intervenne in collegamento da Londra, per confutare le tesi dell'avvocato Livio Bernot, che era parte civile al processo per la strage di Peteano, l'inchiesta nella quale era stato scoperchiato il pentolone di Stay Behind.

Poco abituato alle regole e ai ritmi della Tv, il legale finì per prendere davvero carta e penna, mentre Cossiga si faceva incontenibile: "Allora, scriva. Come ministro degli Interni, insieme agli altri colleghi della Comunità europea, ho contribuito ai piani di collaborazione tra le polizie per creare due reti riservate di informazione contro il terrorismo arabo e di altra natura. Come ministro degli Interni ho partecipato al funzionamento del club di Berna, che raggruppava i servizi di controspionaggio della comunità, come presidente del Consiglio ero al corrente della costituzione di basi di sottomarini nucleari in Italia, come presidente del Consiglio e presidente della Repubblica ho fatto un viaggio su un sottomarino nucleare americano. Tutto senza che ci fossero trattati ratificati dal Parlamento. Proprio come successe per Gladio".

L'ex presidente era fatto così. Stay Behind era un nervo scoperto. Non poteva essere altrimenti perché, come riconosciuto da tutti gli ex aderenti all'organizzazione segreta, Cossiga fu l'unico politico ad assumersi personalmente il rischio di difendere quell'esperienza che, certamente, aveva avuto molti altri padri ai vertici dello Stato.

Capitolo 8

High Tech

È il 3 dicembre 1991 e i gruppi parlamentari del Pds sono riuniti per discutere la richiesta di impeachment al capo dello Stato Francesco Cossiga. I 104 deputati a Montecitorio e i 44 senatori in una sala di Palazzo Madama.

I tecnici del Senato tengono spenti i meccanismi che regolano i funzionamenti degli apparati di ascolto a circuito chiuso. Eppure, a dispetto della segretezza della riunione, i cronisti della sala stampa riescono ad ascoltare in diretta il succedersi degli interventi pro e contro la messa in stato d'accusa del Presidente della Repubblica. Girando quasi per caso le manopole dei canali radio, un giornalista si accorge che il circuito audio interno è attivo e trasmette la discussione del gruppo parlamentare del Pds in diretta. Ma c'è qualcosa di strano: il volume è più basso, rispetto al solito, come per effetto di un ponte radio diverso da quello   convenzionale.

Il mistero va avanti fino alla sera, quando l'inchiesta interna disposta dal presidente del Senato Giovanni Spadolini rivela la presenza di un congegno elettronico in grado di trasmettere il dibattito, scavalcando la centralina rimasta inattiva e chiusa a chiave in un apposito armadio.

Così tutti possono sentire il senatore Ferdinando Imposimato (magistrato in aspettativa) imputare a Cossiga il rifiuto a testimoniare su Gladio, l'ex leader della Cgil Luciano Lama giustificare il suo no alla linea dell'accusa formale al presidente, pur specificando che forse lo stesso "meriterebbe l'impeachment non una ma dieci volte".

A riunione in corso, la senatrice Giglia Tedesco viene avvisata dal marito Tonino Tatò (lo storico collaboratore personale di Enrico Berlinguer) di quello che stava accadendo. Tutti prendono consapevolezza che occorre parlare il meno possibile. E la riunione si conclude frettolosamente.

In serata la scoperta della microspia e il dubbio: chi ha voluto giocare al Grande Fratello? Forse non si saprà mai.

Francesco Cossiga era un patito dell'hi-tech. Aveva iniziato come radio-amatore, diventando col passare degli anni esperto di telefonini, social network e tablet. In collegamento con Bruno Vespa, durante una puntata di "Porta a Porta", aveva svelato di girare spesso con in tasca un congegno che era in grado di segnalare la presenza, in un ragionevole raggio d'azione, di strumenti atti a intercettare o registrare conversazioni.

Lasciando, per ora, da parte le questioni legate alle applicazioni "segrete", occorre chiarire che l'ex presidente non faceva mistero di essere uno dei massimi esperti di smartphone, auricolari bluetooth e applicazioni di nuova generazione, senza scordare i laptop e le connessioni internet a banda larga. All'inizio era lui a contattare le aziende per farsi mandare i prototipi di tutte le novità, poi erano diventate loro a fregiarsi dell'onore di poter avere tra i "collaudatori" uno dei grandi vecchi della politica italiana.

Non sono state poche le occasioni nelle quali Cossiga si è potuto vantare di avere tra le mani un cellulare che ancora non era commercializzato in Italia o un'applicazione ancora sconosciuta persino ai molti, fra i suoi amici o conoscenti, che con l'informatica lavoravano quotidianamente.

Da senatore a vita era diventato anche presidente onorario dell'Associazione parlamentari amanti delle nuove tecnologie, un'insolita unione bipartisan di deputati e senatori che cercava di diffondere la cultura digitale anche nelle austere aule della politica romana. Un sodalizio che, come amava rivendicare l'ex capo dello Stato, era riuscito a convincere il ministero della Difesa a "liberare" le frequenze per il Wimax, affidandole a quello per le Comunicazioni.

Solo in un caso l'amore per la tecnologia si era trasformato in odio. Accadde nel 2001, quando sui Pc arrivò il sistema operativo Windows Xp e un imprevisto durante l'installazione rischiò di cancellare l'hard disk di Cossiga. Il senatore a vita, infuriato, scrisse a Bill Gates in persona, minacciando di fargli causa. La controversia si appianò, anche se non fu mai chiarito quali risposte siano arrivate dal quartier generale della Microsoft.

In un'intervista concessa a Repubblica nel 2001, l'ex capo dello

Stato raccontò l'origine della sua passione: "Sin da bambino, per pagarmi il cinema, mi davo da fare in casa di mio zio aggiustando le lampadine e tutti gli altri aggeggi elettrici che c'erano. Poi, crescendo, mi sono appassionato al mondo della radio e, sino a quando non sono diventato ministro dell'Interno, sono stato un ottimo radioamatore". E Internet? "Navigo, ma con grande prudenza – ammise – perché in Rete bisogna andare solo con obiettivi precisi, altrimenti è come una droga. Anzi peggio. Per questo proibirei Internet ai bambini: per loro è molto meglio un bel libro".

Nel 2004 era stato anche nominato membro del Consiglio superiore delle telecomunicazioni: "Sono poche le cariche istituzionali che posso dire di non aver ricoperto – aveva ricordato – ma questa è la prima che abbia sollecitato per me, anche con sfacciataggine. Questa nomina mi gratifica in modo particolare, perché conosco bene il campo delle comunicazioni. In questo Consiglio porterò l'esperienza del consumatore e dell'utente delle telecomunicazioni".

Aveva iniziato come radioamatore dilettante (nome in codice IOF-GC), quasi per caso: immobilizzato da un brutto incidente stradale si era fatto montare un "baracchino" perché "di notte non dormivo, e mi divertivo ad ascoltare, poi ho iniziato anche a comunicare". Non ha più smesso. Tanto che nel 1985, quando venne eletto presidente della Repubblica, si fece trasferire la postazione al Quirinale. Terminato il mandato, nella sua casa romana del quartiere Prati aveva reso così sofisticato il suo apparato radio, da riuscire a collegarlo, oltre che con le frequenze normali, con quelle dell'Esercito e delle Forze dell'Ordine.

Nella stessa abitazione i figli Peppino e Annamaria hanno inventariato una ventina di computer e 66 telefonini cellulari. L'alloggio era servito da ogni tipo di rete wireless e banda larga, e dotato anche di scudi anti-intercettazioni, che rischiavano di mandare in tilt le comunicazioni dell'intero quartiere. "Sembrava di essere al Norad Headquarter di Colorado Springs (il Centro di controllo della difesa aerea Usa)", amava scherzare uno dei suoi più intimi amici.

Cossiga era anche su Facebook: un profilo scarno, con solo due foto e 82 amici, tra i quali l'ex premier israeliano Ehud Barak. La citazione preferita era latina ("Senectus ipsa morbu", la vecchiaia è di per sé un male). Le informazioni erano sobrie, se non quelle – chilometriche – inserite alla voce "Laurea specialistica", alla quale aveva fatto seguire un lungo elenco di Università, partendo da quella di Sassari e concludendo con quella di Oxford.

Il suo telefono fisso aveva più linee, collegate con diverse compagnie. In più era connesso con il centralino di Palazzo Chigi, del Viminale, del Senato e dei comandi generali dei Carabinieri e della Guardia di Finanza. Questo fino al 2007, quando Cossiga rinunciò a tutti i diritti e i privilegi che gli spettavano come ex Presidente della Repubblica. Tra questi c'era anche un collegamento diretto con il Quirinale.

E poi, ancora, computer di ogni tipo, fissi e portatili. Gli arrivavano dalla Cina e dagli Stati Uniti, prima che uscissero in Europa, con i software più sofisticati. Per non parlare delle ricetrasmittenti, di ogni portata e dimensione.

Con l'hi-tech non c'entra niente, ma non si può non parlare della presenza, altrettanto ingombrante, dell'altra passione del senatore a vita. Erano i soldatini di piombo. Ne aveva un'infinità, perlopiù esposti militarmente lungo i corridoi del suo appartamento. E poi le bandierine, in bella mostra sul tavolo del salotto.

A proposito di telefonini. Qualcuno si ricorda di Blu, che nel 1999 diventò il quarto gestore di telefonia mobile sul territorio nazionale? Il prefisso era il 380, che ancora oggi resiste su alcune utenze, nonostante la compagnia abbia issato bandiera bianca dopo appena un paio di stagioni. Bene. A inventare il logo della compagnia Blu Tel (una serie di onde concentriche) fu proprio l'ex presidente della Repubblica.

Durante una cena con altri politici e un gruppo di imprenditori (tra i quali alcuni dei componenti del board italiano della compagnia) Cossiga suggerì il marchio, dopo che a uno dei commensali era squillato il telefonino.

Ma i responsabili della promozione disconobbero il particolare durante la conferenza stampa di presentazione del marchio stesso: "Le idee non è tanto importante averle, tanto saperle catturare da chi le ha". Il tutto senza fare alcun riferimento all'ex capo dello Stato, che invece rivendicò sempre la primogenitura.

Diciamo che per Giancarlo Elia Valori, presidente del consorzio Blu, quella dimenticanza non si rivelò un grande investimento. Nel giro di pochi giorni Cossiga iniziò a "picconare" pubblicamente il pretendente al ruolo di quarto gestore della rete mobile.

Disse il 14 maggio 2000: "Tutti sanno che ho inventato nome e logo di Blu e che gli amministratori della società se ne sono impadroniti senza nemmeno ringraziarmi – disse alle agenzie di stampa – la cosa, comunque, non mi interessa più di tanto, perché io non userò

Blu, ma continuerò a servirmi di reti già sperimentate".

Il giorno dopo un'altra stoccata: "Non so come funzionerà Blu, ma la regola generale è che non riescono bene non solo i parti prematuri, ma anche quelli ritardati. E questo mi sembra ritardato, eccome se mi sembra ritardato". Due giorni di pausa e poi l'affondo finale: "Sono indignato, come politico e come uomo, per la campagna pubblicitaria sconcia e stupida di Blu, che sta utilizzando uno spermatozoo gigante".

Abbiamo già detto dei 66 telefonini inventariati dai figli Peppino e Annamaria subito dopo la morte dell'ex presidente. Gli eredi, nella conferenza stampa di presentazione dell'Associazione no profit che curerà l'archiviazione delle migliaia di documenti lasciati da Cossiga, hanno detto di aver personalmente provveduto a distruggerli tutti, a colpi di martello.

Chissà se si è trattato di eseguire una volontà dell'espertissimo genitore, che proprio in materia di telefonia mobile aveva più volte mostrato di saperla lunga. Nel 2007, conversando col settimanale Panorama, aveva codificato una vera e propria guida anti-spioni, indirizzata agli utilizzatori di cellulari: "Il cellulare può fare molte più cose di quelle che sappiamo", aveva messo in guardia, "per esempio, emette un segnale in grado di essere rintracciato anche quando è spento. L'unico sistema per renderlo veramente innocuo è togliere la batteria". Secondo Cossiga, non occorreva essere degli 007 "per accendere a distanza un cellulare spento, inviando un messaggio contenente uno speciale codice di attivazione". Il telefono "si rianima" senza emettere alcun suono e senza seguire la consueta procedura di avvio. "Ma il microfono funziona ed è in grado di ascoltare ciò che succede. In pratica, quando il cellulare che si vuole controllare riceve o effettua una telefonata, automaticamente squilla anche il cellulare di chi vuole ascoltare di nascosto le conversazioni". Anche in questo caso non sono esenti da controlli dei contenuti i messaggini sms. "Con questo sistema l'importante è che lo spione stia nelle vicinanze dello spiato" aveva aggiunto. "Perché i sistemi informatici dei gestori telefonici si accorgono della presenza di una sim clonata".

Per intenderci, lo spione non può stare a Roma e lo spiato a Milano, entrambi si devono trovare all'interno della copertura della medesima antenna. E se non si riesce a entrare in possesso della sim card da copiare? "C'è qualcuno che ha pensato anche a questo. Tramite un apparato radio (costa oltre 3 mila euro) è possibile captare le informazioni relative a un numero di telefono e realizzare a distanza una copia della sim. Dopo questa operazione, come nel caso precedente, si possono ascoltare le telefonate".

Alla faccia del dilettantismo.

Capitolo 9
Impeachement

L'accusa era di quelle capaci di lasciare il segno: alto tradimento e attentato alla Costituzione. Il destinatario, per la prima volta, un capo dello Stato. I mittenti molteplici: Pds, Rifondazione comunista, la Rete di Leoluca Orlando, Marco Pannella e il senatore di Sinistra indipendente Pierluigi Onorato. Cinque diverse richieste di messa in stato d'accusa, che raggiunsero Cossiga nell'ultima parte del suo settennato al Quirinale (terminato nell'aprile del 1992) e che vennero definite, con un'archiviazione, dal Parlamento solo nel 1993.

Perché uno schieramento così vasto, praticamente tutta l'opposizione (escluso l'Msi), si schierò così violentemente contro l'allora capo dello Stato? Per spiegarlo occorre fare un passo indietro.

Il 9 novembre 1989 era crollato il muro di Berlino. Dividendo la Germania dell'Ovest da quella dell'Est, quella barriera aveva simboleggiato la guerra che più o meno sotterraneamente si era combattuta in Europa tra il blocco occidentale e quello sovietico. Cossiga capì che anche in Italia occorreva armarsi di piccone e abbattere gli steccati che avevano ingessato per 50 anni la politica italiana. Già a fine '89 il presidente teorizzava che stava arrivando l'ora di rimuovere il "fattore K" che aveva relegato il Pci fuori dalla stanza dei bottoni, costringendo il Paese a un'alternanza di governi che era solo formale. Per fare questo – concludeva – è necessario arrivare a una profonda riforma delle istituzioni. Per lanciare il suo avvertimento alla politica italiana l'allora capo dello Stato usò il suo messaggio di fine anno, trasmesso come consuetudine in televisione, a reti unificate: "Sono cambiate tante cose all'Est – disse, tra le altre cose – siamo a un nuovo punto di partenza, anche noi italiani abbiamo bisogno del vento del cambiamento e della libertà".

Quasi tutti, dalla maggioranza all'opposizione, arrivarono a definire enigmatico e irrituale il messaggio che arrivava dal Quirinale: "E invece era chiarissimo – preciserà Cossiga, anni dopo – spiegavo che il muro era caduto addosso pure a noi. Che bisognava abolire la "conventio ad excludendum" verso i comunisti, chiudere la guerra fredda interna ed emancipare il cosiddetto arco costituzionale. Denunciavo che il sistema non reggeva più. Che serviva una rigenerazione istituzionale, un secondo tempo per la Repubblica. E lasciavo intendere che, se non avessimo fatto nulla, ci avrebbero preso a pietrate per le strade".

Era, insomma, una profezia della catastrofe. "La Democrazia Cristiana, il mio partito, mandò da me il potente Antonio Gava per chiedermi che cosa volessi mai. Tentai di dirglielo e non capì. Ma anche nel Pci-Pds il discorso fu giudicato criptico: tranne D'Alema, nessuno capiva. Avevano sempre vissuto all'opposizione e sull'opposizione, non era facile per loro pensare di assumersi responsabilità di governo. Più comodo sospettarmi e, più tardi, attaccarmi".

Fu allora che Cossiga decise di ricambiare con gli interessi, iniziando la sua seconda vita politica. Da freddo notaio si trasformò in grande esternatore: "Ci furono varie tappe: il discorso del Capodanno 1990, un intervento a Edimburgo nel quale approfondivo l'urgenza di "ampliare l'ambito della democrazia" cancellando l'interdetto politico verso il Pci, e infine il mio messaggio alle Camere – raccontò ancora. Erano gli anni del patto tra Craxi, Andreotti e Forlani, il Caf. Sollecitavo la grande riforma di cui c'era bisogno per schivare la crisi che stava per esplodere. Andreotti, all'epoca premier, rifiutò di controfirmare il documento per la presentazione in Parlamento perché non lo condivideva. Lo firmò il ministro della Giustizia Martelli. Fu il momento più difficile, per me. Sembravano tutti ciechi".

Il presidente iniziò a sentirsi solo e incompreso. E finì col non fidarsi di nessuno. Dobbiamo dunque far riferimento a un episodio già citato: "Tornò al Quirinale il povero Gava. "Francesco, ma cosa vuoi? Perché ti agiti tanto per questa riforma? Abbiamo lavorato benissimo per quarant'anni con questo sistema, possiamo farlo per altri quaranta". Socialisti, liberali, repubblicani votarono a favore e, nell'ex Pci, il costituzionalista Barbera. Tutti gli altri sostenevano che il mio era un progetto ad alto rischio, quasi eversivo. Non sapevano che ad aiutarmi a stendere il messaggio erano stati Amato e Martinazzoli, uomini di partito e di Stato".

Oltre a chi lo criticava apertamente c'era anche chi, in segreto, preparava una campagna finalizzata a farlo rientrare nei ranghi. Almeno, di questo il capo dello Stato si era convinto.

"Ci fu anche una cena a casa di Eugenio Scalfari, alla quale era presente, tra gli altri, il gran borghese del Pri Visentini. Si parlava di me e a un certo punto Scalfari disse: "Se non riusciamo a metterlo sotto impeachment, facciamo almeno votare una mozione al Parlamento perché sia sottoposto a perizia psichiatrica". Mi volevano mandare a casa con la camicia di forza. Visentini raccontò la cosa al liberale Altissimo, che mi telefonò subito. A quel punto, potevo mai stare zitto?"

E infatti, come tutti ricordano, non tacque. "Dicevano che ero in preda a una "tempesta neurovegetativa". In realtà facevo il matto per poter dire la verità, come il fool del teatro elisabettiano. Ero incazzato perché non mi capivano né i comunisti né la Dc, per la quale restavo un irregolare. Ero incazzato come il sardo che sono. E ho antenati pastori: testardi e durissimi".

Furono anni difficili e intensi. Il caso Gladio, il tema delle riforme, le polemiche con il Csm e la magistratura, le punture di spillo con i leader del nascente Pds e le incomprensioni con la Dc, il partito nel quale Cossiga era nato e cresciuto.

Nella seconda parte del 1991 il rapporto tra il capo dello Stato e l'allora opposizione parlamentare divenne insostenibile. Nel dicembre di quell'anno il Pds decise di far partire il timer dell'impeachment. Una parola inglese, mutuata dal linguaggio della politica americana, che corrisponde alla messa in stato di accusa di una figura istituzionale.

Il 6 dicembre 1991 le 19 cartelle di denuncia del Pds contro l'allora presidente della Repubblica vennero trasmesse al comitato parlamentare per i procedimenti di accusa. Vi era contenuta la rassegna degli elementi di fatto che configuravano, secondo Botteghe Oscure, il reato di attentato alla Costituzione. Ma si trattò anche dell'innesco di un nuovo meccanismo di pressione sul Quirinale. Perché quell'atto rendeva più difficile – almeno sul piano dell'opportunità – la decisione di sciogliere a gennaio un Parlamento ormai in procinto di votare sul successore di Cossiga, il cui mandato sarebbe scaduto nel maggio del 1992.

La tesi centrale della denuncia – messa a punto e sottoscritta dalle presidenze dei gruppi di Camera e Senato sulla base della bozza stilata da Luciano Violante – è che "Francesco Cossiga abbia intenzionalmente varcato i limiti per modificare la forma di governo. E questo estendendo le proprie funzioni e prerogative ben oltre quelle assegnate dalla Costituzione al capo dello Stato, con una concatenazione logica e temporale di atti e comportamenti".

Lungo anche il capitolo dedicato a spiegare le ragioni della denuncia. Il presidente veniva accusato di aver "interferito illegalmente nelle attività del legislativo, dell'esecutivo e del giudiziario, e di aver avviato l'esercizio di una propria funzione governante inammissibile e autoritaria perché non regolata, e altamente pericolosa perché non sostenuta da alcuna responsabilità politica".

Cossiga, secondo quanto sostenuto dal Pds, avrebbe aperto un "incostituzionale circuito tra partiti e presidente, e assunto comportamenti da capo di un partito violando un inderogabile dovere di imparzialità". Il tutto, avvertiva il documento, nella "piena consapevolezza di essere al di fuori dell'ordinamento costituzionale". Con la complicità dei media "per conquistarsi una parte dominante nei conflitti da lui stesso aperti. E con uno schema fondato sull'ambiguità fatto di dure accuse e poi della denuncia delle reazioni come persecuzioni".

Per questo, l'impeachment veniva ritenuto la via corretta per rimuovere "un fattore decisivo di confusione istituzionale e impedire che possano consolidarsi prassi di prevaricazione e d'interferenza".

Dopo aver riassunto le funzioni e i poteri legittimi del presidente della Repubblica, la denuncia replicava alle critiche di chi scorgeva nel tentativo di colpo di Stato l'unico possibile attentato alla Costituzione. Il golpe, si sosteneva nel documento, è la "massima forma di attentato alla Costituzione. Ma in realtà, proprio per i poteri di cui dispone il capo dello Stato, il reato di regola non si consumerà con un colpo di Stato nelle forme classiche". Si sarebbe concretizzato, invece, in "ogni atto seriamente diretto, non a compiere un semplice abuso, ma ad alterare illegittimamente i rapporti tra i poteri dello Stato".

La quarta parte della denuncia tentava di dimostrare la sussistenza del reato di attentato alla Costituzione, affermando che Cossiga "si è fatto portatore di un personale disegno per la soluzione della crisi italiana che prevede lo scavalcamento delle regole fissate dalla Costituzione per modificare la forma di governo e la stessa Costituzione". Ma non finiva mica qui, visto che un'altra consistente parte delle 19 cartelle di denuncia era dedicata all'usurpazione di potere politico. A norma dell'articolo 287, Cossiga veniva quindi accusato di aver "usurpato un potere politico di pertinenza del Parlamento quando aveva minacciato di non firmare, e di fatto non aveva ancora firmato, la proroga della Commissione stragi; condizionando il confronto sul disegno di legge Mancino sul Csm; minacciando lo scioglimento delle Camere "con un atteggiamento sanzionatorio, e come se la decisione dipendesse solo da lui".

E poi l'attentato contro gli organi costituzionali. Si accusava, infatti, il presidente di aver "gravemente interferito nell'attività di governo. Nel novembre 1990 bloccò la creazione del comitato di saggi su Gladio, già decisa dal Consiglio di gabinetto, minacciando l'auto-sospensione propria e di Andreotti. Nella primavera scorsa, si oppose all'ingresso del Pri nell'esecutivo in base al singolare principio dell'omogeneità di giudizi tra governanti e Quirinale. E poi impedì la risposta a quattro interpellanze del Pds sui suoi comportamenti". Secondo i parlamentari della Quercia, Cossiga avrebbe anche tentato di "condizionare procedimenti penali in corso". Avrebbe "offeso il procuratore aggiunto di Roma Coiro per la sua richiesta di archiviazione (ancora non decisa dal giudice) per Ruggero Orfei, accusato di spionaggio, e – ripetutamente – il giudice Casson, che indaga su Gladio: un tentativo di delegittimare i magistrati che prendono decisioni a lui sgradite, con l'aggravante, nel secondo caso, che la decisione lo riguarda direttamente". E avrebbe anche usurpato un "potere di risoluzione di conflitti che non gli compete", quando aveva convocato i procuratori generali della Sicilia per "ricevere informazioni" coperte dal segreto istruttorio sulle accuse di Orlando alla magistratura.

Un altro capitolo era dedicato alla "violenza o minaccia a un'autorità pubblica riunita in collegio". Il riferimento, in questo caso, era alla questione Csm. Anziché sollevare il conflitto dinanzi alla Consulta, il capo dello Stato avrebbe impedito la seduta del Consiglio, minacciando in caso contrario l'intervento della forza pubblica. E avrebbe comunque inviato "un elevato contingente di forze dell'ordine" alla seduta successiva. Si sarebbe trattato di poteri che non poteva esercitare "da presidente di un collegio contro gli stessi componenti dell'organo collegiale".

C'erano, poi, gli immancabili dossier. Il documento ricordava che la letteratura giudica "tipico" attentato alla Costituzione "la minaccia di notizie scandalistiche ai danni del deputato in dissidio con il fine di modificazione della Costituzione": che è ciò che Cossiga avrebbe fatto minacciando di rivelare "pretesi rapporti con l'Est" del Pds all'indomani dell'annuncio della richiesta di impeachment.

Come scordare, ancora, i paragrafi dedicati ai media, al Cocer (l'organismo di rappresentanza dell'Arma dei carabinieri) e la P2? Singoli comportamenti di Cossiga avrebbero assunto rilievo perché avrebbero rivelato "nell'insieme" l'esistenza di un progetto per mutare la forma di governo in forme non consentite. Ne avrebbero fatto parte l'occupazione a senso unico dei mezzi di informazione; l'appello ai carabinieri, con l'esito del documento "sedizioso" del Cocer, che avrebbe prefigurato "un circuito privilegiato con settori delle Forze armate"; l'atteggiamento "ambiguo" sulla P2, nonostante le conclusioni delle indagini parlamentari.

Una messa in stato d'accusa con tutti i crismi, con l'attribuzione di reati gravissimi.

Ma quali erano gli effetti di questa lunga sequela di addebiti? Secondo i commentatori più attenti, il Pds era conscio del fatto che l'impeachment non avrebbe potuto approdare a risultati concreti. Veniva adottato come mossa politica "difensiva" nei confronti dell'atteggiamento aggressivo di Cossiga e "offensiva", per rilanciare la centralità degli eredi del Pci nello scacchiere della politica italiana.

L'ipotesi più probabile è che lo stato maggiore della Quercia avesse deciso quella mossa come meccanismo di pressione sul Quirinale. Perché questa rendeva più difficile – almeno sul piano dell'opportunità – la decisione di sciogliere a gennaio (questa era la minaccia più ricorrente di Cossiga) un Parlamento ormai in procinto di votare sul capo dello Stato.

La previsione corrente – puntualmente verificatasi – era che prima del Natale 1991 i componenti dell'apposito comitato parlamentare avrebbero deciso l'archiviazione della richiesta di impeachment. Entro i 10 giorni successivi i gruppi parlamentari della Quercia erano stati comunque capaci di raccogliere le 239 firme necessarie per sottoporre la questione al voto delle Camere. Era altamente probabile che anche il Parlamento ratificasse le decisioni del comitato, ma il Pds era pronto a tornare a raccogliere le firme per sollecitare comunque un nuovo voto sull'apertura o meno dell'istruttoria.

In questo scenario, pensavano gli strateghi del partito maggioritario nello schieramento di sinistra, la decisione autonoma di "mandare tutti a casa" avrebbe dato l'impressione di un colpo di mano interessato da parte del Quirinale.

La storia si sarebbe presto incaricata di smentire quelle previsioni. Allo scioglimento delle Camere si arrivò dopo una partita a scacchi tra il capo dello Stato e il presidente del Consiglio Giulio Andreotti.

Quest'ultimo era abilmente riuscito a sopravvivere per quasi due anni al sistema dei veti incrociati e alla guerra istituzionale che Cossiga aveva aperto con la stagione delle esternazioni.

Dopo aver capito che il presidente della Repubblica avrebbe cercato di forzare la mano, sciogliendo il Parlamento quasi come sfida all'immobilismo dei partiti, che si rivelavano refrattari alle riforme istituzionali, Andreotti giocò d'anticipo e a fine gennaio si presentò a Montecitorio, sostenendo che la funzione della maggioranza di governo era ormai esaurita e che era arrivato il momento di restituire la parola agli elettori, seppur con soli cinque mesi d'anticipo rispetto alla normale scadenza della legislatura.

Cossiga dovette così inventarsi una contromossa e, prima di firmare il decreto di scioglimento delle Camere, chiamò tutti i partiti al Quirinale, per le consultazioni di rito. Dal Pds di Occhetto arrivò l'atteso strappo, con una polemica assenza, che venne quasi ignorata dallo stesso presidente della Repubblica. Che poi, irritualmente, annunciò direttamente agli italiani il ricorso anticipato alle urne, attraverso uno dei tanti messaggi televisivi a reti unificate di quei mesi: "Ho ritenuto che fosse giunto il momento di porre termine a una rappresentanza nazionale ormai politicamente esaurita e chiamare gli elettori a eleggere una nuova rappresentanza per affrontare i gravi e complessi problemi, quelli della gente comune", disse la sera del 2 febbraio, sancendo l'avvio della campagna elettorale che sarebbe sfociata nelle elezioni del 5 e 6 aprile.

L'allora capo dello Stato volle sottolineare due aspetti. Primo, lo scioglimento "è politico e non tecnico". Le Camere non funzionavano e "toglievano legittimità alle istituzioni". Secondo, in polemica con Andreotti, il problema delle interferenze non esiste: "Non mi servono garanti, mi impegno io a non interferire nella campagna elettorale". Se si fosse voluto evitare l'ingorgo istituzionale sarebbe stato sufficiente votare in maggio, disse Cossiga: "Se si scioglie il Parlamento oggi è perché i cittadini sappiano per che cosa e a quali fini essi sono chiamati a votare". Era una tesi opposta a quella sostenuta da Andreotti ma che servì a sostenere il messaggio di fondo ripetuto dal capo dello Stato: "Credo sia giunto il momento magico per rinnovare anche moralmente il nostro sistema politico, per rifondare la Repubblica con un nuovo patto nazionale".

Le elezioni sancirono un sostanziale blocco della situazione politica. Il pentapartito, sempre più litigioso, aveva ancora la maggioranza per formare il governo. Ma non era più adeguato a dare le risposte attese dall'economia e dal sistema istituzionale. Cossiga, come promesso, si tenne fuori dalla campagna elettorale. E per agevolare la formazione del nuovo governo si dimise con qualche settimana d'anticipo dalla presidenza della Repubblica. Toccò così al suo successore Oscar Luigi Scalfaro scegliere il nuovo presidente del Consiglio. In verità, secondo quanto riferiscono le cronache, a dare l'indicazione fu Bettino Craxi, constatato che il capo dello Stato non intendeva affidargli l'incarico, visto l'avviso di garanzia che lo aveva appena raggiunto. A Palazzo Chigi ci andò Giuliano Amato, che di Craxi era stato il principale collaboratore.

In quanto all'impeachment, come previsto, non se ne fece nulla. Nel 1993 tutto si concluse con un'archiviazione. I partiti litigarono sulle formule con le quali accompagnare il provvedimento. Ma c'è da dire che, a due anni dalle polemiche che divisero Cossiga dal Pds, la situazione nel Paese era profondamente cambiata. Le stragi di mafia, l'esplosione dello scandalo Mani Pulite, il travolgente successo dei referendum. L'Italia cambiava a tempo di record e non era più tempo di polemiche da guerra fredda.

Per la precisione, il comitato parlamentare ritenne tutte le accuse manifestamente infondate, come si legge negli atti parlamentari pubblicati il 12 maggio del 1993. La Procura di Roma richiese l'archiviazione a favore di Cossiga il 3 febbraio 1993 e il successivo 8 luglio la richiesta fu accolta dal Tribunale dei ministri.

Capitolo 10
Libri e Letture

Zigzagando attorno alla figura di Francesco Cossiga è impossibile non mettere da parte, per un attimo, la battaglia politica e le lotte di quotidiana sopravvivenza nell'agone della prima e della seconda Repubblica.

Nel tentativo di rendere al meglio il suo complicato profilo è necessario esplorare anche il campo di interessi e di attività dell'ex capo dello Stato. Un ambito così ampio che, volendo fare un'analisi della sua personalità, non c'è che l'imbarazzo della scelta.

Anzitutto le letture. La sua biblioteca era immensa, con una conoscenza che spaziava nei generi più disparati, con incroci tra autori che a prima vista sembravano tra loro incompatibili.

In più di una dichiarazione pubblica Cossiga ha detto di essere affascinato da C. S. Lewis ("non per la saga fantasy di Narnia ma per il capolavoro dedicato al diavolo, dal titolo Le lettere di Berlicche, che ho letto con combattuto piacere"). E poi ancora Georges Bernanos, Charles Péguy, Graham Greene e il cardinale Newman. I suoi preferiti pare fossero Manzoni e Pascal, con una predilezione speciale per I promessi sposi, prototipo del romanzo storico. E poi divorava i libri di teologia, le biografie di santi, profeti, dottori della chiesa. Meglio se reietti o male interpretati, quasi a trovare una comunanza di destini.

Ma più che sulle letture è il caso di soffermarsi sull'immensa pubblicistica della quale è stato protagonista in prima persona negli anni che hanno seguito il termine del suo mandato da presidente della Repubblica. Si trova di tutto e di più, quasi sempre in lavori "a quattro mani" con giornalisti o giovani studiosi della sua figura di uomo delle istituzioni.

A lui non è attribuibile Cossiga, uomo solo, scritto nel 1991 per

Mondadori dal suo grande amico dell'epoca Paolo Guzzanti, che spesso lo intervistava in esclusiva per "La Stampa" di Torino. Eppure quella pubblicazione, in alcuni dei suoi passaggi, sembrava scritta quasi sotto dettatura del grande esternatore, che in quei giorni movimentava la vita politica italiana, facendo del Quirinale l'epicentro del dibattito. Basta rileggere il capitolo "La fiaba del giudice, del gatto e del primo ministro", per rendersi conto di quanta influenza l'allora capo dello Stato, che per questioni di opportunità non poteva certo co-firmare quell'opera, abbia avuto in quelle righe così graffianti e così lucide nel messaggio di sfida alla politica che non voleva auto-riformarsi.

Scorrendo i suoi titoli c'è da farsi venire il mal di testa. Nel 2002, per Rubbettino (106 pp.) pubblica il solo apparentemente impegnativo I servizi e le attività di informazione. Abbecedario per principianti, politici e militari, civili e gente comune, firmato Francesco Cossiga, dilettante. Lo definiva "un libro da leggere per vendetta" e sosteneva di averlo scritto contro i luoghi comuni che interessano la storia della nostra Repubblica.

Nel saggio si sforzava così di far capire che ogni Stato, appunto perchè democratico, ha necessità di "servizi speciali" che si confrontino almeno ad armi pari, nell'interesse generale, con i criminali e i nemici della Patria.

Chiamandolo Abbecedario rimandava efficacemente alle nozioni elementari per fare comprendere il mondo dell'intelligence, che allo stesso tempo, in Italia ma anche altrove, affascina e impaurisce. Cossiga, come detto, dedicò questo lavoro a "principianti, politici e militari, civili e gente comune" e si autodefiniva dilettante, cosa che evidentemente non era, intendendo evidenziare la necessità costante di apprendere, studiare, conoscere. In poche, ma densissime pagine, risultato di decenni di studi, riflessioni, esperienze istituzionali e confronti ai più alti livelli mondiali, Cossiga offrì un contributo originale per realizzare una democrazia più piena.

Negli anni passati, un importante servizio segreto estero aveva dato a Cossiga il nome in codice di Cesare, nome che tornerà (presuntamene attribuito a Silvio Berlusconi) nell'inchiesta dei pm romani su P3 ed eolico. Nel 2002, con quell'Abbecedario, "Cesare" Cossiga proporrà e rilancerà l'intelligence come tema centrale del dibattito politico nazionale, nella consapevolezza che le informazioni rasentano il motore della sicurezza e dello sviluppo del XXI secolo.

Uno dei libri ai quali Cossiga ha tenuto di più è quello firmato assieme al giornalista Pasquale Chessa Italiani sono sempre gli altri, controstoria d'Italia da Cavour a Berlusconi, pubblicato sempre per Mondadori (249 pp.) ed edito nel 2009.

L'ex Presidente della Repubblica riscopriva nel passato i tratti del presente, ripercorrendo la storia con gli occhi del protagonista. Il punto di partenza era l'attitudine degli italiani a parlar male di loro stessi, caratteristica amplificatasi nell'Italia moderna e contemporanea.

"Ma il nostro è davvero un Paese tutto sbagliato?", sembra chiedersi il duo Cossiga-Chessa. Per capire come sono fatti davvero gli italiani si inizia quindi un viaggio a ritroso, nel tentativo di analizzare tutti i cruciali passaggi della storia moderna. Si parte da Cavour, la cui politica del "connubio" sembra suggerire all'ex capo dello Stato una suggestione capace di rileggere il compromesso storico degli anni '70, per poi passare a Porta Pia e al per certi versi irrisolto rapporto dello Stato italiano col Vaticano e la gerarchia ecclesiastica in generale. E poi l'8 settembre, la Repubblica di Salò e la guerra civile, la Costituente, la rinascita degli anni '60, lo scontro fratricida a sinistra tra Craxi e Berlinguer, la battaglia giudiziaria di Andreotti e la discesa in campo di Berlusconi. Il tutto in un viaggio che non scade mai nell'aneddotica, ma nel quale il ruolo da protagonista di Cossiga spesso ritorna, prendendosi la scena.

Sempre per Rubbettino, che fu anche l'editore di Sciascia, nel 2008 Cossiga ha curato Mi chiamo Cassandra. Arguzie, astuzie e vaticini di un profeta, (163 pp.). Da "vero personaggio del teatrino della politica", l'ex capo dello Stato raccoglie le battute da lui stesso recitate sui giornali, in occasioni pubbliche o in articoli scritti di suo pugno. Un copio ne paradossale e spesso contraddittorio fatto apposta per un personaggio che a volte sembra interpretare la giovane Cassandra (profetessa condannata a non essere mai creduta) e la vecchia Pizia, nota veggente che molto fiuto ebbe nel predire le disgrazie dei potenti dell'antichità. In questa raccolta l'ex presidente si diverte a provare a interpretare il futuro dei protagonisti della politica italiana negli anni 2000.

Meno lieve è Per carità di patria, dodici anni di storia italiana, scritto nel 2003, sempre in collaborazione con Pasquale Chessa. Nelle 313 pagine edite da Mondadori è possibile ripercorrere le vicende politiche italiane del decennio 1993-2003 con la partecipazione emotiva del protagonista, ma anche col distacco di chi si sforza di fare lo storico, ricostruendo il periodo appena attraversato. Politica e storia si trovano così a confrontarsi nell'esame dei fatti e nel giudizio sui protagonisti di quegli anni: Prodi, Berlusconi, Craxi, D'Alema, Scalfaro, Ciampi, Amato, Casini, Lima, Falcone, Saddam Hussein e George W. Bush, fino a un inatteso confronto-incontro intellettuale e spirituale con Giovanni Paolo II.

Nelle 116 pagine del Discorso sulla giustizia pubblicato nel 2003 per Liberilibri, l'ex capo dello Stato ha trovato lo spazio per dare una definizione di se stesso e del suo modo di intendere l'impegno politico: "La mia personale passione politica è stata sempre nutrita da una convinta concezione di etica sociale cattolica, frutto della fede di cui mi è stato fatto dono da Dio e in cui sono stato educato. Per cui, da cristiano e da cattolico liberale, da militante non pentito, anzi, ma ancora orgoglioso della Dc, ho sempre creduto sopra di tutto nel primato della libertà nella vita civile e nella sovranità esclusiva del popolo, nella vita istituzionale e nel primato della politica nella vita degli Stati e delle comunità".

Questa è una presa di posizione tipica di Cossiga, nella quale si concentra l'essenza dell'essere uomo pubblico.

Un capitolo a parte merita il suo rapporto col giornalista e scrittore Claudio Sabelli Fioretti, col quale ha dato alle stampe due fortunate pubblicazioni. La partnership tra i due nacque grazie al programma radiofonico "Un giorno da pecora", che Sabelli Fioretti conduce da anni su RadioDue. "Per me Cossiga era solo DjK, un caro vecchio zietto che lanciava i dischi in radio per il mio programma, un caro amico che, per puro narcisismo e per il gusto di apparire, faceva propri gli sberleffi che gli venivano rivolti", raccontò, commentandone la morte, "di lui ricordo sia l'uomo goliardico, scanzonato, pronto all'auto-ironia più estrema che il politico irascibile e depresso, capace di scenate furibonde".

Nel 2007, per Aliberti, i due pubblicano L'uomo che non c'è: "Presidente, lei è matto? Ammetto di aver avuto un po' di imbarazzo a iniziare il libro-intervista a Francesco Cossiga con questa domanda. Ma lui è stato al gioco. E mi ha risposto che la follia è un ingrediente necessario dell'intelligenza. E poi, come una valanga". Così Sabelli Fioretti iniziava il racconto della sua prima fatica letteraria in collaborazione con l'ex capo dello Stato.

Visto il successo del primo esperimento, nel 2009 (sempre per Aliberti) arrivò la seconda puntata del libro-intervista, con identici protagonisti. Novissime picconate era strutturato come un instant-book. L'ultimo Francesco Cossiga (che spesso si definiva, giocosamente, come il peggior presidente della Repubblica della storia) è quello che entra a gamba tesa su tutti i protagonisti dell'attualità. Alternando piccone e fioretto, l'ironia del senatore a vita anche questa volta non risparmia nessuno: ce n'è per Obama, Berlusconi, Veltroni, D'Alema e Di Pietro. Senza nascondere simpatie e antipatie, nella miglior tradizione cossighiana.

Ne La versione di K, apparso in libreria nel 2009, per i tipi di Rizzoli e a firma unica, Cossiga, nella sua rilettura della storia, parte dal 4 gennaio 1947, quando il presidente del Consiglio Alcide De Gasperi vola negli Usa. "Anche se talvolta misteri inestricabili si sono addensati in alcuni passaggi della vicenda italiana, la mia impressione è che ormai nessuno creda più alla realtà così come è. E dunque c'è sempre una seconda realtà da ricercare – scrive l'ex presidente nell'introduzione alle 207 pagine del libro – non credo che sia in principio sbagliato, e non posso certo dirlo io che ancora non ho smesso di scavare, chiedere, provocare. Ma aspirare sempre alla quadratura del cerchio fa sì che spesso ombre riottose sfidino le leggi della percezione e affollino impazzite la scena fino a oscurarla del tutto". Il viaggio di De Gasperi è diplomatico e segna una svolta, un confine tra un "prima" e un "dopo".

Secondo molti, sarebbe anche all'origine di una storia nazionale di sovranità limitata, di misteri, di verità non rivelate, di poteri forti o occulti che hanno tramato contro lo Stato e nello Stato. Si è detto che nessun Paese al mondo abbia più misteri dell'Italia: dalla lista, mai trovata, degli spioni dell'Ovra a quella di coloro da internare in caso di golpe, al vero elenco degli iscritti alla loggia P2. In effetti, circostanze inspiegabili si sono presentate con ricorrenza: sono sparite le quattro valigie di pelle verde di Togliatti, così come quelle di Moro; la borsa di Calvi fu esibita in Tv, ma parzialmente svuotata; e perché mai, nel 1964, Nenni disse che sentiva "tintinnar di sciabole"? Per arrivare all'ultimo governo Berlusconi, molti si domandano quale sia la vera origine della fortuna economica del Cavaliere e, nella cronaca più recente, che cosa succedesse davvero alle feste nelle sue ville. Di tutto questo, così come dei momenti più drammatici del caso Moro e di alcuni episodi legati al terrorismo arabo, Cossiga dà conto in questo volume. Forse quello con più spessore, tra quelli dati alle stampe.

Ultimo, nel 2010, pochi mesi prima della morte, Fotti il potere:

un'intervista concessa al giornalista del Quotidiano nazionale Andrea Cangini. Dalle pagine di quest'opera emerge un Cossiga amaro, forse eccessivamente provocatore, indiscutibilmente sopra le righe. L'intenzione dichiarata è quella di mettere a nudo il potere e, con esso, l'uomo che lo incarna. Cossiga cerca di svelare l'arcano, di dire l'indicibile, di strappare la maschera alla realtà con l'ironia e l'arguzia di chi ha cavalcato a testa alta lungo le strade impervie della prima e della seconda Repubblica. Nel libro si possono trovare aneddoti, riflessioni, rimandi storici, vere e proprie rivelazioni.

La regia di Cangini si propone di accompagnare il lettore alla scoperta di verità scandalose e mai rivelate con tanta schiettezza. Un linguaggio così crudo e così diverso rispetto all'usuale da rendere quasi inattendibili certe provocazioni. Gli ingredienti che piacciono ai cultori del genere ci sono tutti: la natura del potere, il ruolo del denaro, l'uso dei servizi segreti, la violenza, la guerra, le massonerie, i rapporti tra Stati, la religione, il Vaticano, la verità, la finzione, il caso, il lato di tenebra dell'uomo e del politico. Il trionfo e la caduta, la vita e la morte.

Cossiga faceva notizia, sempre e comunque. Lo sapeva lui, lo sapeva chi scriveva di lui e chi lo faceva assieme a lui. E, in fondo, lo sappiamo anche noi. Che di lui stiamo parlando, in questa rilettura della sua vita.

Capitolo II
Magistrati

Nel primo capitolo, facendo riferimento alla combattività di Francesco Cossiga e alla salacità delle sue battute, abbiamo già fatto riferimento ai complicati rapporti che intratteneva con la magistratura italiana.

Prima di rivisitare gli episodi principali di una guerra, non solo verbale, durata quasi 25 anni, è doveroso chiarire subito i contorni di un episodio che è stato tramandato in maniera distorta, finendo per essere assorbito dall'opinione pubblica in modo non corretto.

Contrariamente a quanto si vuol far credere, infatti, l'ex capo dello Stato non definì mai "giudice ragazzino" il magistrato Rosario Livatino, ucciso il 21 settembre 1990 (a 38 anni) in un agguato mafioso lungo la strada statale 640, tra Canicattì e Agrigento.

Il giorno stesso dell'omicidio l'allora presidente della Repubblica si recò in Sicilia per rendere omaggio alla salma. Abbracciò i genitori di Livatino, Vincenzo e Rosalia, dicendo loro: "Non vi lascerò soli".

Il capo dello Stato inviò anche un messaggio alla madre del magistrato: "Contro questo assassinio, che ha voluto colpire un valoroso servitore dello Stato, impegnato nella difficile lotta contro l'illegalità, la violenza e la sopraffazione, si leva la coscienza civile e morale della Nazione".

Il riferimento ai magistrati "ragazzini" Cossiga lo fece solo otto mesi dopo, il 10 maggio 1991 (era entrato nella fase delle esternazioni), in un discorso pronunciato alla scuola della Polizia a Roma: "Ma possiamo continuare con il tabù della supposta indipendenza del pubblico ministero, che poi significa che ogni ragazzino che ha vinto il concorso richiede di dover esercitare l'azione penale a dritto e rovescio, come gli pare e gli piace, senza rispondere a nessuno per questo?

". E ancora: "Allora basta con i tabù, non è possibile che si creda che un ragazzino, solo perché ha fatto il concorso di Diritto romano, sia in grado di condurre un'indagine complessa come può essere un'indagine sulla mafia o sul traffico della droga". Cossiga disse anche che a questi "ragazzini" non affiderebbe "neanche l'amministrazione di una casa terrena, che sarebbe la casa ad un piano, la quale ha una finestra ma usa come finestra la porta".

Nel 1992 l'appellativo coniato da Cossiga divenne parte del titolo di un libro di Nando Dalla Chiesa: "Il giudice ragazzino. Storia di Rosario Livatino assassinato dalla mafia sotto il regime della corruzione". Nell'opinione pubblica divenne col tempo quasi automatico collegare la definizione "giudice ragazzino" di Cossiga, con Livatino. Che era un magistrato con un'esperienza poco meno che decennale, ma che, a 38 anni, non si poteva certo definire un giovinetto.

Nel luglio 2002 l'ormai ex presidente inviò una nuova lettera ai genitori di Rosario Livatino, in cui tra l'altro spiegava: "Io ho usato davvero il termine "giudici ragazzini", ma mai l'ho fatto rivolgendomi a vostro figlio; bensì in senso affettuoso e comprensivo nei confronti di giovanissimi giudici che l'insipienza del Csm mandò allo sbando, destinandoli a prestare servizio, quasi appena terminato l'uditorato, nel nuovo tribunale di Gela. È solo il giudizio della mia coscienza e il vostro che mi interessa. Le ingiuste accuse, anche di recente rivoltemi da alcuni magistrati e da parte di volgari pennaioli, non mi riguardano. In coscienza io mi sento tranquillo. E lo sarei ancora di più se, come spero, pur nel silenzio, voi mi giudicaste nella vostra coscienza quale ammiratore del vostro figliolo e vostro fedele e riconoscente amico".

Tornando alla più ampia questione dello scontro perenne tra Cossiga e i settori organizzati della magistratura, è opportuno rilevare che quando gli storici del futuro si troveranno a indagare sull'argomento, sceglieranno probabilmente come data simbolo dell'inizio della grande guerra istituzionale il 3 dicembre del 1985.

Fu quello il giorno in cui l'allora inquilino del Quirinale inviò al Consiglio superiore della magistratura una lettera in cui vietava all'organo di autogoverno dei magistrati (del quale era presidente, per disposizione costituzionale) di mettere ai voti una censura nei confronti del presidente del Consiglio in carica Bettino Craxi. Costituzione alla mano, Cossiga negò che il Consiglio superiore della magistratura fosse dotato di tale potere di censura. I settori più battaglieri della categoria se la legarono al dito. Alcuni anni dopo Cossiga diventò oggetto di un attacco concentrico di settori della magistratura militante e del Pci.

La domanda che occorre farsi – e che infatti l'allora capo dello Stato si poneva – è come mai all'organo di autogoverno dei giudici fosse passato per la testa di avere il potere di censurare un primo ministro. La risposta che Cossiga si dava – e questo era il motivo della sua ferma opposizione – risiedeva in avvenimenti che si erano verificati negli anni immediatamente precedenti. Alcune leggi avevano notevolmente rafforzato sia il ruolo del Csm che i poteri delle Procure ed è indubitabile che il prestigio della magistratura fosse cresciuto – anche meritatamente – per i successi nella lotta al terrorismo brigatista. Così, teorizzava l'ex presidente, la categoria dei giudici (intesa come Corpo) si era notevolmente irrobustita. Al punto che i suoi settori più politicizzati ritenevano di essere ormai così forti da poter andare allo scontro aperto con la politica.

In quel 1985 Cossiga, che era all'inizio del suo settennato e che ancora non era entrato nel personaggio del picconatore, decise che non c'era un momento da perdere per salvare l'autonomia della politica. Scrisse all'allora vicepresidente del Csm Giancarlo De Carolis per esprimere la sua "ferma opinione sulla inammissibilità di un dibattito o intervento del Csm su atti, comportamenti o dichiarazioni del presidente del Consiglio dei ministri". Il dibattito era stato sollecitato da alcuni magistrati di Milano "a difesa", in relazione alle polemiche sul processo per l'omicidio di Walter Tobagi e sulla condanna di alcuni esponenti socialisti querelati dal sostituto procuratore di Milano Armando Spataro, che in quel processo fu pubblico ministero.

"Minacciai De Carolis – racconterà Cossiga, anni dopo – di recarmi di persona al Csm e di estrometterlo com'era mio diritto dalla presidenza e, se avesse opposto resistenza, dall'aula. Minacciai anche di rifiutarmi di porre l'argomento all'ordine del giorno, ritenendolo inammissibile, e dove fosse ammesso, cancellarlo, dopo avere espulso tre o quattro membri del plenum. E se avessero, per protesta, occupato l'aula, avrei fatto sgombrare il Palazzo dei Marescialli. A tal fine, avuta l'intesa del procuratore della Repubblica di Roma e del ministro dell'Interno (che era Oscar Luigi Scalfaro), feci schierare un battaglione mobile di carabinieri in assetto antisommossa, al comando di un generale di brigata".

Cossiga raccontava ancora: "Avevo l'appoggio del Pci. Giunsero al Quirinale il giudice della Corte costituzionale Malagugini e il presidente dei senatori comunisti Perna a dirmi che avevo perfettamente ragione, esortandomi a non mollare: "Altrimenti quelli là ci travolgono tutti". E io non mollai".

Definiva quella del Csm una deriva politicista, che avrebbe portato a uno strapotere da combattere: "Il Csm continua imperterrito nel cercare di affermarsi pericolosamente quale terza Camera del Parlamento nazionale, non elettiva, non democratica, e anche nel cercare di affermarsi quale organo Costituzionale, posto al vertice del potere giudiziario. Questa è una strada potenzialmente eversiva. Il Consiglio è sostenuto da costituzionalisti democratici, un tempo largamente rappresentati, ahinoi, anche nella Corte costituzionale e da non pochi elementi della sinistra giudiziaria dell'Unione prodiana", disse nel 1998.

Nel corso dei suoi quasi sette anni al Quirinale, Cossiga non soltanto minacciò l'intervento dei carabinieri per far sì che il plenum non trattasse ordini del giorno da lui non approvati, ma con Giovanni Galloni, nel 1991, ricorse perfino alla sospensione temporanea della delega a presiedere i lavori del Csm. A Cesare Mirabelli, vicepresidente del Csm un anno prima di Galloni, ribadì che l'organo di autogoverno non era un "potere dello Stato", come invece lo intendevano settori della magistratura e le correnti più politicizzate dell'Anm.

Lo scontro col Csm del quale era vicepresidente Giovanni Galloni avvenne in un'altra data simbolo, il 14 novembre 1991. Fu quello il giorno nel quale Cossiga indirizzò al parlamentino dei giudici una missiva il cui senso era questo: "Non osate discutere le cinque pratiche sulle quali ho posto il veto, altrimenti vi farò sgomberare. Vi siete posti fuori della legge e non esiterò a denunciarvi al giudice penale se insisterete nel vostro comportamento".

Così l'allora presidente decise di replicare alla sfida del Consiglio superiore della magistratura, minacciando non solo lo scioglimento dell'organo, ma addirittura la denuncia all'autorità giudiziaria dei 32 consiglieri. E la conseguente adozione di misure di polizia.

Il tutto in una lettera di sei pagine indirizzata al vicepresidente e fatta pervenire anche ai presidenti delle due Camere. Il capo dello Stato ritenne quantomeno "illegittima" la decisione presa nei giorni precedenti dall'organo di autogoverno della magistratura, con la quale si iscriveva all'ordine del giorno della seduta successiva l'esame di cinque quesiti, relativi ai rapporti tra capi delle Procure e sostituti, sui quali era calato il suo veto.

Per superarlo, il Consiglio aveva portato a termine l'esame di quella parte del regolamento interno che avrebbe dovuto sancire i poteri del capo dello Stato a proposito dell'ordine del giorno. E lo aveva fatto stabilendo che l'ultima parola appartiene al plenum stesso. Per Cossiga tutto questo costituì "una grave illegalità". Il Consiglio, scrisse, "si è posto fuori dalla legge, ha gravemente compromesso i rapporti con altri organi dello Stato, ha commesso una inaudita usurpazione di poteri e gravemente leso le prerogative del capo dello Stato. Il regolamento interno non può certo in alcun modo limitare i poteri conferitimi direttamente dalla Costituzione e dalla legge. Non vi è dubbio perciò che la convocazione e la fissazione dell'ordine del giorno deliberate dal Consiglio senza il preventivo assenso del presidente, non sono conformi alla Costituzione e alla legge".

A questo punto, i fulmini di Cossiga: "Perciò, nell'esercizio dei miei indeclinabili doveri di ordine costituzionale, dispongo in modo formale e tassativo, che l'assemblea non si riunisca in quella data per la trattazione di quegli argomenti che Ella (Galloni) ha il dovere di non porre in discussione e tanto meno in votazione, in quanto non inseriti in un ordine del giorno ritualmente formato. Il Consiglio potrà riunirsi in quella data esclusivamente per l'esame degli argomenti sui quali sarà stato acquisito il necessario assenso".

Cossiga, nella missiva, contemplava anche l'ipotesi che il Consiglio potesse voler non accettare quell'ennesimo, pesantissimo, veto: "Ove i membri del Csm si riunissero in quella o in altra seduta senza la rituale convocazione del presidente e per la trattazione di argomenti per i quali non sia stato preventivamente acquisito il prescritto assenso, la seduta sarà da me considerata nulla e illegittima e, per gli eventuali profili di illiceità, trasmetterei gli atti all'autorità giudiziaria competente. Mi riservo, per una tale eventualità, anche di disporre e adottare direttamente le misure esecutive opportune e necessarie per prevenire la consumazione di così grave illegalità, anche avvalendomi dei poteri di supremazia speciale, che, nella mia qualità di titolare, per Costituzione, della presidenza del Csm, mi spettano per la polizia della sede e delle sedute".

Per giustificare la sua durissima presa di posizione, Cossiga affermò di essersi conformato "ai principi e ai criteri contenuti nella relazione della commissione Paladin", da lui stesso costituita un anno e mezzo prima. Secondo l'allora presidente, era suo potere-dovere vietare certi argomenti, allo scopo di "evitare eventuali straripamenti del Csm dalle sue attribuzioni e il possibile insorgere di contrasti con le altre istituzioni dello Stato".

Il regolamento, faceva notare, può solo "disciplinare il funzionamento dell'organo, ma non può certo in alcun modo limitare i poteri conferiti direttamente al presidente dalla Costituzione e dalla legge". Per Cossiga, "solo il Parlamento può dare un diverso assetto ai poteri del Consiglio e del presidente. E a tal riguardo mi riservo di investire di questa problematica le Camere, con un mio messaggio specificamente incentrato sulla questione".

L'allora capo dello Stato ricordava anche che "in ogni caso, il presidente deve essere posto nella possibilità di manifestare il proprio assenso o il proprio dissenso ai fini della garanzia costituzionale che gli spetta. Giacché, diversamente, la presidenza che gli è conferita verrebbe a mancare di ogni consistenza effettiva".

Il braccio di ferro fu tesissimo ma si concluse con la vittoria del presidente, visto che Galloni e il Csm tornarono sui loro passi e annullarono l'ordine del giorno precedentemente adottato.

Com'è normale che fosse, e come abbiamo già visto nel capitolo dedicato all'impeachment proposto dal Pds e da altre forze politiche, l'azione di Cossiga contro il Csm non ebbe certo un sostegno unanime, ma contribuì, anzi, ad avviare l'ancora irrisolto dibattito dei rapporti tra politica e magistratura.

Di un efficace dimostrazione di un pensiero esattamente opposto a quello dell'ex presidente della Repubblica possiamo trovar traccia nella prefazione scritta dal giurista Stefano Rodotà per un libro dato alle stampe da Giovanni Galloni, proprio a proposito del differente modo di intendere il rapporto con il Csm tra i presidenti della Repubblica Cossiga e Scalfaro. "Nel corso di vent'anni – scrive Rodotà – sono rimaste sostanzialmente identiche le polemiche contro la magistratura italiana e le pretese del passaggio dalla democrazia parlamentare a quella presidenziale. Berlusconi interpreta oggi le stesse posizioni di Cossiga e Craxi, che sono in linea con quelle scritte nel programma della loggia massonica P2. L'elezione al Quirinale del presidente Oscar Luigi Scalfaro – prosegue Rodotà – nacque da una maggioranza che nel 1992 voleva superare la Repubblica presidenziale e costrinse Cossiga ad anticipare le sue dimissioni. Il paziente lavoro di Giovanni Galloni, considerato nel suo insieme, diviene così anche un'analisi efficace dello stile e delle scelte di due presidenze molto diverse". È qui che Rodotà inserisce un elemento vagamente allusivo, che accompagnerà spesso il giudizio che di Cossiga dava una parte della sinistra italiana, che in un modo o nell'altro, lo riteneva in qualche maniera compromesso non solo col mondo della massoneria, ma con quello della loggia P2 di Licio Gelli. "Galloni racconta di aver rifiutato di incontrare un esponente della P2 che intendeva sondare le sue reazioni rispetto alla possibilità che potessero continuare nella loro funzione i magistrati risultati appartenenti a quella loggia – racconta ancora Rodotà – gli effetti di quella decisione furono rivelatori di un atteggiamento di Cossiga nei confronti della massoneria poi confermati in successive occasioni. Galloni ci racconta di essere rimasto sorpreso dal fatto che, di quel rifiuto, fosse stato prontamente informato il capo dello Stato. E da quel momento nota un cambiamento dell'atteggiamento nei suoi confronti".

Nel libro Fotti il potere, il senatore a vita ha spiegato i motivi della sua diffidenza nei confronti di un potere, quello della magistratura italiana, che a volte reputava arbitrario. A vantaggio del primato della politica, al quale era solito richiamarsi. "Carl Schmitt scriveva giustamente che l'invenzione della Corte costituzionale era una solenne sciocchezza, nonché un pericolo. Questo perché un giudice che può giudicare le leggi è, di fatto, un organo politico. Di più: è un organo politico superiore all'organo politico per eccellenza, il Parlamento. Non a caso i due Paesi che nel '900, per primi, si diedero una Corte costituzionale furono tutti e due travolti: prima l'Austria della dittatura antitedesca, ma patriottica del fascista Eglebert Dollfuss, poi la Germania di Weimar, sulle cui ceneri nacque il Terzo Reich. La gente non sa che negli Stati Uniti vi è una durissima polemica contro la Corte Suprema, e i più critici sono i cattolici teocon, gli ebrei praticanti, i battisti e gli altri evangelici che fanno capo alla rivista "First Think". Ambienti diversi, ma accomunati dalla preoccupazione per un organismo giustamente accusato di emettere sentenze "politiche". Personalmente, ho sempre sostenuto che la Corte Costituzionale italiana è un organo di arbitraggio politico esercitato in finta forma giurisdizionale".

Tutto questo, ragionando in termini generali. Ma secondo Cossiga il caso particolare italiano è anche peggiore dei casi di scuola. È peggiore perché "da noi la magistratura s'è arbitrariamente trasformata da ordine in potere". La conversione risalirebbe ai tempi di Mani Pulite e gli elementi che l'avrebbero resa possibile sarebbero due: "La conclamata crisi del sistema politico della cosiddetta prima Repubblica e il fatto che buona parte del Pci/Pds fece da sponda a quell'operazione, ritenendo di trarne vantaggi politici". E, ancora: "Oggi l'ideale dei magistrati è che le leggi le devono fare loro. Devono farle loro perché loro sono i migliori. Punto e basta. Cos'era, del resto, il proclama del pool di Milano, "ribalteremo l'Italia come un calzino", se non un programma politico?".

Secondo quanto raccontato dall'ex Presidente della Repubblica a Cangini, i primi segnali si ebbero già nel 1973, durante la discussione della legge Breganzone: "Quella legge che previde l'avanzamento in carriera dei magistrati per pura anzianità "senza demerito". Senza demerito, capisce? Il merito non conta e l'eventuale demerito del magistrato può essere rilevato solo da altri magistrati, cosa che di conseguenza non accade. Beh, ricordo che alla Camera parlarono contro solo il repubblicano Reale, l'onorevole Riccio, poi sequestrato in Sardegna e ucciso, Peppino Gargani e io. Gli ultimi tre, tutti democristiani, fummo immediatamente convocati al gruppo parlamentare del partito, dove un membro della Direzione ci ingiunse di votare a favore e di tacere "perché sennò – disse esibendo i polsi – ci arrestano tutti". Ma non ci piegammo. Votammo contro tutti e quattro".

Il giudizio negativo si spingeva fino alla politica di oggi: "Tocca a Silvio Berlusconi: un outsider, per i poteri forti del Paese; una staffetta del grande corruttore Bettino Craxi, per i giudici. Dunque, una preda due volte ghiotta. Ma è bene non dimenticare che è storia recente la crisi di un governo (quello presieduto nel 2008 da Romano Prodi) innescata da un'inchiesta giudiziaria (quella contro il guardasigilli Clemente Mastella). Per non dire dell'imbarazzo del Viminale di fronte a una sentenza del Consiglio di Stato che, se non fosse stato ritirato il ricorso, avrebbe seriamente messo in discussione la data delle scorse elezioni politiche. Per tutelare il diritto di uno pseudo partito dello 0,2 per cento, la Democrazia cristiana di Giuseppe Pizza, si sarebbe così irrimediabilmente danneggiato l'interesse generale incidendo sui tempi, e dunque sul risultato, di quello che della la democrazia è il momento supremo: le elezioni, appunto. Giochetto recentemente riproposto nel Lazio in occasione delle elezioni regionali. Vicende ai limiti del golpe", fu il commento severo dell'ex presidente.

Proprio nel 2008, in occasione della crisi del governo Prodi, il senatore a vita arrivò a difendere fino all'ultimo la legittimità dell'esecutivo, sostenendo che la sua caduta non era dovuta all'uscita dell'Udeur di Mastella dalla maggioranza, ma a una indebita pressione dei giudici, che avevano fatto arrestare la moglie del Guardasigilli per questioni legate a tangenti in   Campania.

Qualche mese prima se l'era presa con i magistrati di Potenza, che avevano aperto le porte del carcere a Vittorio Emanuele di Savoia, figlio dell'ultimo Re d'Italia: "Quell'ordine di arresto altro non è che un duro colpo alle posizioni assunte dal ministro della Giustizia Clemente Mastella – disse Cossiga – un gesto che copre di ridicolo tutta la magistratura italiana. Io sono un repubblicano per convinzione e tradizione, anche perché nel 1931 gli antenati di Casa Savoia fecero fucilare un mio antenato, ordinando di buttarne il corpo inanimato in una fossa comune con decine di carabinieri, fanti e granatieri. Ma il provvedimento deciso dai magistrati di Potenza mi porta adesso a guardare Vittorio Emanuele con grande rispetto. Da questo episodio, però, si può vedere in modo chiarissimo quanto sarà difficile il percorso ideato dal mio amico Clemente Mastella per giungere a un accordo consensuale su un nuovo ordinamento giudiziario. Il progetto del Guardasigilli è ispirato dal capo della sua segreteria, uno dei principali leader di Magistratura democratica, corrente eversiva della già di per sé eversiva Associazione nazionale magistrati. E quando dico eversiva lo faccio con la cognizione di causa di chi è stato capo dello Stato e presidente del Consiglio superiore della Magistratura. Bene, a questo tavolo delle trattative con i magistrati, il ministro della Giustizia si troverà a discutere con personaggi come il pubblico ministero della Procura di Potenza Henry John Woodcock. In questo modo, ai guai che parte della magistratura italiana – non tutta, sia ben chiaro – ha combina to fin oggi all'ordinamento giudiziario e civile del Paese si rischia di aggiungere altri disastri. Un rischio che l'Italia non si può permettere e che a questo punto obbliga tutta   la nostra magistratura a una riflessione approfondita sul contributo che può e deve dare all'ammodernamento e al rilancio della Nazione".

Sarebbero centinaia gli episodi da raccontare a proposito di questa guerra a distanza. Poco conosciuto, ma significativo, è quello che riguarda la sfuriata che, dal Quirinale, Cossiga fece dopo aver letto un articolo su Repubblica, intitolato "Falcone, che peccato", scritto da Sandro Viola. Il giornalista, in quell'occasione, accusava il magistrato palermitano di "essere entrato a far parte di quella scalcinata compagnia di giro degli autori di "instant books", degli opinionisti al minuto, dei noti esperti, degli ospiti in studio, che alla sera si affacciano sugli schermi televisivi. In questo modo si pone il problema della compatibilità tra la funzione dell'apparato statale e l'attività pubblicistica".

Cossiga era affezionato a Falcone e riteneva di aver avuto una discreta parte nel cooptarlo a Roma, alla direzione degli Affari penali del ministero di Grazia e Giustizia. Chi ritiene esagerato quanto scritto da Renato Farina nel suo contestato Cossiga mi ha detto, nel quale c'è un lungo capitolo dedicato alle responsabilità politiche ("che sarebbero da far ricadere sui suoi colleghi magistrati") sull'uccisione del magistrato, per mano di Cosa Nostra, dovrebbe forse ripercorrere la storia di quel 1992.

E ricordarsi che negli anni precedenti il Csm aveva tagliato a Falcone la strada per diventare capo dell'ufficio istruzione e poi procuratore capo di Palermo. E, infine, persino la guida della Procura nazionale Antimafia.

Il 24 marzo 1992, nel corso di una visita a Napoli, l'allora presidente della Repubblica Francesco Cossiga si fermò a parlare con i cronisti, com'era solito fare. E disse parole di estrema chiarezza: "Andrò in Consiglio superiore e voterò per Giovanni Falcone. Due anni fa la mancata nomina del giudice siciliano alla carica di consigliere istruttore a Palermo fu considerata una sconfitta dello Stato nella lotta contro la mafia. Si disse che era una battaglia, forse anche una guerra perduta. Oggi, invece, sembra che chi sostiene Falcone per l'incarico di superprocuratore sia un alleato della mafia. Quando andrò al Consiglio superiore della magistratura porterò come prove i discorsi in Parlamento e gli articoli di fondo di importanti giornali. Ho il diritto di votare come mi pare e piace. Sembra che la libertà del presidente della Repubblica nei confronti del Csm consista nell'uniformarsi al pensiero altrui. Ma sono un membro come gli altri. Allora, come loro cercano i voti per i loro amici o compari, permettete che cerchi i voti per i miei amici e compari. Hanno deciso di votare per il procuratore di Palmi Agostino Cordova? Si accomodino. Ma io credo che Falcone sia il nome migliore, nell'interesse dello Stato". Qualche giorno dopo, l'allora presidente seppe essere ancora più duro: "Da quando Falcone, dopo averlo interrogato per 7 ore, ha incriminato per calunnia il terrorista che aveva indicato Salvo Lima come il mandante degli omicidi di Mattarella e La Torre, sembra che non sia più il campione della lotta contro la malavita organizzata. Qui l'indipendenza consiste solo nel fatto che coincida con l'opinione di una parte politica. Questa è una delle ultime sacche di socialismo reale rimaste nel nostro Paese".

Per ricreare il clima dell'epoca, all'interno della magistratura, sarà sufficiente ricordare due dichiarazioni pubbliche di altrettanti autorevoli esponenti di quell'ordine. Il 26 febbraio 1992 il consigliere Vincenzo Geraci, che di Falcone era stato collega a Palermo, si schierò apertamente per Cordova e contro Falcone. Ma non bastò. Alla sua scelta unì un giudizio impietoso nei confronti del collega siciliano: "Già in altre occasioni in cui si era deciso il conferimento di importanti uffici direttivi – sostenne – qualificate voci avevano consigliato di non scegliere magistrati, pur bravissimi, la cui collocazione "fuori ruolo" presso il Ministero non ne esaltava l'immagine di indipendenza". Uguale: Falcone, che ha scelto di lavorare per il governo, forse non sarebbe indipendente come capo della Procura nazionale Antimafia.

Dopo la strage di Capaci (il 23 maggio di quell'anno insieme a Falcone morirono la moglie Francesca e tre agenti di scorta) ci fu chi ebbe il coraggio di denunciare pubblicamente l'ingiusto trattamento riservato a un magistrato che aveva dedicato la sua intera vita alla lotta contro Cosa Nostra. Fu il sostituto procuratore della Repubblica di Milano Ilda Boccassini, due giorni dopo l'eccidio, a mettere sotto accusa l'intera categoria dei magistrati: "Siete voi ad averlo fatto morire, con la vostra indifferenza e con le vostre critiche, che non erano rivolte al suo modo di operare. Una cosa è criticare l'idea di super-procura, un'altra è fare come il Csm, che è arrivato a sostenere che Falcone si era venduto e non era più libero dal potere politico".

Cossiga nemico supremo dei magistrati, quindi? Non per tutti è così, specie se si guarda al 1988 e alla legge, tutt'oggi ancora duramente contestata, con la quale il Parlamento recepì il risultato del referendum radicale sulla responsabilità civile diretta dei magistrati.

La legge partorita dalle Camere tradì lo spirito della consultazione elettorale, introducendo la responsabilità civile dello Stato, cancellando addirittura i casi di responsabilità civile diretta prima esistenti.

Perché tirare in ballo Cossiga? Perché tra i poteri del capo dello Stato c'è quello di rinviare alle Camere un testo di legge che non corrisponde ai principi costituzionali o un pronunciamento del corpo elettorale, chiedendo una nuova deliberazione. E quel tipo di richiesta arrivò dai promotori del referendum, col partito radicale di Marco Pannella in testa. Un altro attivista eccellente, l'ex eurodeputato e presentatore televisivo Enzo Tortora, che qualche motivo per avercela con i giudici lo aveva, lanciò anche un appello, in cui definì la legge sulla nuova responsabilità civile della magistratura (con effetti posti a carico dello Stato e non dei singoli giudici) "un atto di macelleria costituzionale, legislativa, politica e civile".

Cossiga ascoltò tutti, ma promulgò una legge che, dal 1988 a oggi, ha messo al sicuro i magistrati rispetto alle richieste di indennizzo che arrivano da cittadini ingiustamente condannati.

Capitolo 12
Nemici di giornata

Per Cossiga c'erano nemici storici e giurati e ce n'erano, invece, altri che potevano essere definiti solo episodici. Personaggi pubblici ai quali dedicare lo spazio di una giornata o più tempo, ma limitata a una campagna che si concludeva al raggiungimento di un obiettivo.

Nel 1993, ad esempio, da ex presidente ritenne giusto cercare di evitare al segretario del Psi Bettino Craxi il ruolo di capro espiatorio per un sistema politico che tendeva all'auto-assoluzione, offrendo all'opinione pubblica il "sacrificio" dell'intera Dc e del leader socialista, da immolare sull'altare dei clamori dell'inchiesta Mani pulite.

Così Cossiga tornò a impugnare il "piccone", rivolgendolo contro l'allora presidente del Consiglio Giuliano Amato, che di Craxi era stato uno dei principali collaboratori. Per l'ex capo dello Stato il dottor Sottile era un prodotto del falso moralismo imperante negli anni di Tangentopoli: "Grava sul Paese – disse, all'inizio della sua polemica con Amato – un'irrespirabile atmosfera di ipocrisia nazionale che cerca di nascondere la centrale questione politica e istituzionale del rinnovamento dello Stato e dell'etica politica e l'esigenza di una grande riforma delle istituzioni dietro il moralismo parolaio e l'ormai ridicolo ritornello: io non c'ero, io non c'entro". Così il 14 gennaio 1993, dopo una visita a Craxi, arrivò la prima stoccata ad Amato: "Io mi ricordo come il leader del Psi difese la dignità dell'Italia nella vicenda di Sigonella – disse, tra le altre cose, Cossiga – mentre pari dignità non siamo riusciti a salvare mandando i nostri ragazzi a farsi sbeffeggiare in Somalia".

Il 5 febbraio, nel corso di "Italia domanda", la trasmissione di Gianni Letta su Canale 5, Cossiga fu ancora più duro: "Giuliano Amato non si può considerare un "innocente eccellente", questa è una distorsione del reale. Egli è stato per lunghi anni vicesegretario di Craxi e sottosegretario alla presidenza del Consiglio dell'onorevole Craxi".

Non è una "chiamata in causa", ma quasi. Cossiga chiede: come è possibile che l'unico responsabile di Tangentopoli sia Bettino Craxi? Gli altri dov'erano nel periodo della "grande corruzione"? E quelli vicinissimi al loro segretario, secondo Cossiga, sembrano personaggi di una vecchia commedia: "Non so, non ricordo. Se c'ero, dormivo". Seguirono altre polemiche contro Amato, nell'alimentare le quali l'ex capo dello Stato mantenne ancora un linguaggio allusivo, discreto: più che il piccone, sembrava usare uno spillo.

Il 14 febbraio 1993 l'ex presidente ruppe gli indugi: "Mi sembra ormai fallito il tentativo di dire che tutto è colpa di quattro ladroni. Così viene squarciata l'atmosfera di ipocrisia nazionale al cui discettare moraleggiante ha dato in Senato il suo contributo anche il presidente del Consiglio dei ministri". Questa volta il tono è perentorio, duro nella sostanza e anche molto freddo nella forma. Cossiga si rivolge solo al "presidente del Consiglio", non pronuncia nemmeno il nome di Amato, come per sottolineare una lontananza formale.

E anche tutto il discorso del senatore a vita sulla questione morale è molto differente dal punto di vista dominante nel Paese, e a cui si può far risalire l'orientamento dello stesso Giuliano Amato. Dice Cossiga: "Dopo aver fatto irruzione rumorosa e cruenta nei palazzi socialisti e in alcune periferiche filiali del potere economico e finanziario, con il conforto della pubblica informazione, tra l'approvazione dell'ira popolare e il tremebondo silenzio mascherato di approvazione e compiacenza di molti compagni di avventura, mi pare che la magistratura stia ormai per bussare, anche se forse con più consapevole discrezione, alle porte degli altri palazzi, da piazza del Gesù (storica sede della Dc) a piazza dei Caprettari, ai santuari dell'imprenditoria pubblica e privata". Una consapevolezza che sembra stonare con l'atteggiamento del resto dei protagonisti della politica, impegnati a mimetizzarsi e a cercare di salvarsi dalla bufera giudiziaria. Un atteggiamento che non portò molti risultati, nel caso di Amato. Ben presto, indipendentemente dalle picconate di Cossiga, il suo governo entrerà in crisi e la sua maggioranza si dissolverà sotto i colpi degli avvisi di garanzia. Scalfaro fu così pronto a varare "il governo del Presidente" (molto simile a quello battezzato da Napolitano nel novembre 2011, con l'insediamento a Palazzo Chigi di Mario Monti), da affidare all'allora governatore della Banca d'Italia Carlo Azeglio Ciampi.

Un altro degli storici avversari dell'ex presidente della Repubblica è stato l'ex sindaco di Palermo Leoluca Orlando. L'antipatia – reciproca – deflagrò all'inizio degli anni '90 e affondava le radici sulla polemica innescata da un articolo di Leonardo Sciascia pubblicato, nel 1987, sul "Corriere della Sera" a proposito dei professionisti dell'Antimafia.

Una categoria alla quale l'intellettuale siciliano sembrò iscrivere anche l'astro nascente della Dc siciliana Orlando e Nando Dalla Chiesa, figlio del defunto ex super-prefetto di Palermo, ucciso da Cosa Nostra nel 1982.

Tutto si giocò soprattutto sullo scenario televisivo, che in quegli anni si trasformò definitivamente nell'arena in cui consumare scontri e confronti. Presero piede trasmissioni come "Samarcanda", "Milano, Italia", "L'istruttoria", molte delle quali ospitarono le incursioni dell'allora presidente della Repubblica, trasformatosi in grande esternatore.

È proprio ai microfoni di Michele Santoro che Leoluca Orlando si lancia in un attacco contro l'ufficio istruzione della Procura di Palermo, arrivando a sostenere che "dentro ai cassetti del Palazzo di giustizia ce n'è abbastanza per far luce sui delitti politici che hanno insanguinato la Sicilia". Si riferisce a quelli di Pio La Torre (segretario regionale del Pci) e Piersanti Mattarella (presidente della Regione, Dc) uccisi dalla mafia dopo le loro dure battaglie a favore della legalità. A Cossiga sembrò giusto intervenire dopo quelle allusioni, chiedendo alla magistratura di valutare la rilevanza penale di accuse di quella portata. Ma la polemica non si interruppe. Dopo l'omicidio del giudice Livatino, del quale abbiamo già parlato diffusamente in un precedente capitolo, Orlando dichiarò: "Lo Stato non aiuta la Sicilia onesta". Ancora una volta l'allora inquilino del Quirinale si sentì in dovere di intervenire: "Leoluca è un bravo ragazzo che non ha capito, con le sue intemperanze, quanto danno possa fare all'unità nella lotta contro la mafia". Nelle settimane successive alzò il tiro: "Orlando si accompagna a padre Pintacuda, che è notoriamente un prete fanatico".

E, nel mezzo della polemica col Csm, il capo dello Stato lo tirò nuovamente in ballo: "È unità d'intenti dire, come ha fatto Orlando, che i giudici tengono le prove nei cassetti? Provocare la crisi di un partito e la divisione dei sindacati? Dividere la gente davanti alle tombe, sulla base di una subcultura stalinista e pseudo-religiosa?". Orlando si sentì chiamato in causa e rispose che è meglio farsi consigliare da un prete che chiedere occultamente indicazioni a Licio Gelli, tornando ad alludere a una presunta vicinanza di Cossiga con la loggia massonica deviata, guidata dal Gran Maestro di Arezzo.

Cossiga reagì con una durezza inusitata. Quel giorno chiamò a sé i cronisti e chiese loro di riportare integralmente le sue dichiarazioni: "Orlando è in preda a un profondo sbandamento, mi trovo a commiserarlo. Sono addolorato per lui. Lo conosco, sono entrato in polemica con lui, ma è un ragazzo onesto, con un forte senso morale. Vederlo abbassarsi così, francamente, mi spiace molto. L'ex sindaco di Palermo (nel frattempo gli era subentrato il suo ex assessore Lo Vasco) ha perso il senso della misura. Sinceramente, di fronte alla morte, alle tombe, ai lutti, all'impegno che ci attende, che si arrivi a scendere in polemica col capo dello Stato mi sembra troppo – dettò, con le labbra che gli fremevano. In quanto all'indegno riferimento a Gelli, è una cosa a cui non posso rispondere, verrei meno al dovere di rispettare per prima la dignità dell'ufficio che ricopro. Ma se questo può rassicurare il giovane amico Orlando, sappia che anch'io ho una persona con la quale mi confido, anzi alla quale mi confesso. E lo faccio spesso. Mi spiace molto, per lui. Io sono stato coinvolto in polemiche di tutti i generi, ma ho sempre avuto il coraggio di fare le cose pubblicamente, alla luce del sole".

La reazione, a freddo, fu tremenda. In collegamento telefonico con la trasmissione "L'istruttoria" di Giuliano Ferrara, l'ex capo dello Stato annichilì l'ex sindaco di Palermo, che era ospite in studio, facendolo impallidire e spegnendogli il sorriso sul volto, come impietosamente documentato dalle telecamere. L'esordio si rivelò graffiante: "Sarà forse il caso di chiarire come mai l'onorevole Leoluca Orlando Cascio amputi il suo nome in Leoluca Orlando – disse, malignamente – sarà forse perché nella prima relazione di minoranza della commissione Antimafia degli anni '70, firmata dalla vittima della mafia, onorevole Pio La Torre, ammazzato nel 1982, il padre dell'onorevole Leoluca Orlando Cascio, celebre notabile Dc, era definito il collegamento tra i politici e le famiglie mafiose palermitane del dopoguerra?".

E alle repliche, infastidite, dell'avversario, Cossiga ripeteva, ossessivamente: "Onorevole Orlando Cascio, mi lasci parlare. Ha capito onorevole Orlando Cascio?".

Un capitolo a parte lo meritano i difficili rapporti con le gerarchie ecclesiastiche. Anche in questo caso il cattolicissimo Cossiga si rendeva protagonista di slalom dialettici nei quali era molto difficile orientarsi. Nel senso che, in più di un'occasione, ha rivendicato la sua frequentazione e la reciproca stima con Papa Giovanni Paolo II e il cardinale Ratzinger, diventato Benedetto XVI. Ma non sempre questa consonanza con i vertici più alti della Chiesa si traduceva in rapporti facili con la gerarchia.

I confronti tra la Cei e l'uomo di Stato sardo sono stati spesso difficili, a volte ai limiti della collisione. Nel 1991, ad esempio, ai tempi della prima guerra del Golfo, l'allora presidente della Repubblica non ebbe remore nello schierarsi dalla parte dell'intervento americano, ignorando gli appelli del Papa e beccandosi le prime bacchettate dalla stampa cattolica. Non se ne scordò l'anno successivo, quando gli strascichi della polemica sul pacifismo lo portarono a non firmare la legge sull'obiezione di coscienza, sostenuta dalla Caritas e già approvata dal Parlamento. La Conferenza episcopale italiana la prese malissimo e il 23 febbraio 1992, sull'Avvenire, il direttore Lino Rizzi arrivò a suggerirgli di presentare le dimissioni da presidente della Repubblica. Parecchio infastidito, il capo dello Stato rispose con una nota ufficiale, in cui chiedeva ai vescovi di chiarire se l'editoriale del quotidiano rispecchiasse o meno il loro pensiero. Il 25 febbraio la Cei confermò la fiducia nel direttore dell'Avvenire. Cossiga voleva l'ultima parola e così controreplicò con un'altra nota, alquanto gelida, nella quale annunciava che del caso avrebbe investito il governo della Repubblica, allora guidato da Giulio Andreotti. E, il giorno dopo, sciolse le Camere, indicendo nuove elezioni. Il messaggio era: "La legge non passa, il Parlamento va a casa e io resto qua". Alla faccia dei vescovi.

Da cattolico ("molto osservante, ma umile peccatore") si permise toni ed espressioni che nessun democristiano o comunista si sognò di usare in pubblico. Sul cardinale Carlo Maria Martini, per anni potentissimo vescovo di Milano, arrivò a dire: "Di teologia capisce ben poco. Alla sua età dica basta, taccia e si ritiri a vita privata". Non fu più tenero col suo successore Dionigi Tettamanzi: "L'attuale arcivescovo "buonista" di Milano tra poco farà ballare nel Duomo anche le donne nude. Non c'è che dire: è il degno erede del suo predecessore".

Nell'agosto 2009, in una delle ultime interviste, questa volta rilasciata a "Il Giornale", fece ancora una volta capire di essere informatissimo su come stava per evolversi la vita politica italiana.

Erano i mesi nei quali Berlusconi, all'apice della popolarità, dopo la vittoria elettorale del 2008, ripetuta alle regionali in Sardegna e Abruzzo, iniziava a essere scalfito dagli scandali a sfondo sessuale, che venivano in quei giorni rivelati da alcuni grandi giornali italiani. A chi gli chiedeva il perché dell'uniformarsi degli organi di informazione vicini alla Chiesa, a quegli attacchi così personali, rispondeva sicuro: "Non siamo in presenza di un interventismo organizzato ma di prese di posizione di singole personalità della Curia e della Conferenza episcopale". E ancora: "Il problema è che intervengono non solo sulla morale ma, con paragoni fuorvianti, anche sulle questioni quotidiane. Ad esempio, il paragone fatto dall'Avvenire tra la tragedia degli immigrati e l'Olocausto si commenta da sé. Bisognerebbe che ci fosse qualcuno, se non altro per non farsi rimbeccare dagli stessi ebrei, che ricordi la storia a chi scrive certe cose". Puntiglioso l'attacco al cambio di strategia della stampa cattolica, solitamente prudente nel commentare le questioni private dei leader politici: "È chiaro che si è passato il segno. Qua si fa riferimento diretto ai festini e al libertinaggio di Berlusconi. Non ci sono più remore. Se ci fossero, sarebbe bastata una dichiarazione sull'etica, riferita alla situazione generale, come si è sempre fatto. Tutto il resto storpia. Mi chiedo se il segretario generale della Cei, don Crociata, oserebbe mai scrivere o condurre omelie altrettanto ispirate sulla vita privata del presidente francese Sarkozy o della sua première dame Carlà Bruni".

All'intervistatore che gli chiedeva cosa potesse celarsi dietro a quel cambio di strategia, Cossiga rispose con sconcertante durezza: "Sta a segnalare la profonda spaccatura che esiste nel mondo cattolico – disse – una spaccatura che riguarda la politica e non certo l'etica. Vogliono tenersi buona una parte dell'episcopato e del movimento ecclesiale, vicina da sempre al centrosinistra. Hanno puntato sul Pd di Franceschini, tirano la volata all'unico leader Dc rimasto. Se il direttore dell'Avvenire si vanta del fatto che all'interno del suo giornale ognuno decide liberamente a chi devolvere l'8 per mille, siamo in presenza di un gruppo in dissidenza non con il centrodestra ma, potenzialmente, con la parte della Chiesa che fa capo al Papa". Una polemica che in Italia si è riaffacciata anche di recente, con il duro attacco di Adriano Celentano a quotidiani e periodici vicini alla Chiesa, nel corso della prima serata del Festival di Sanremo.

L'antipatia che Cossiga aveva sviluppato nei confronti dei vertici della stampa cattolica era esplicita: "Trovo qualche giustificazione nei confronti di don Sciortino, il democraticissimo direttore di Famiglia Cristiana, che più propriamente dovrebbe oggi chiamarsi Famiglia allargata, vista l'apertura a ogni evoluzione del costume. Ma nessuna giustificazione o spiegazione riesco a dare agli scritti del non-reverendo Boffo che, posto inopportunamente alla direzione del giornale pur sempre organo ufficiale della Cei, dovrebbe astenersi da questi continui attacchi a Berlusconi, dovuti in parte alle sue note preferenze politiche, ammantate da scelte religiose".

Infine un richiamo al magistero morale della Chiesa: "Ha, non il diritto, ma il dovere di esprimere giudizi in materia morale, ma gli ammonimenti debbono essere fatti "in caritate" e in modo che il giudizio non appaia mai come istigazione a combattere qualcuno, eventualmente anche sul piano politico. Ormai invece sembra che l'unica preoccupazione di certi ambienti sia quella di esprimersi sui festini a villa Certosa o a Palazzo Grazioli. Se la Chiesa ritiene incrinato, per motivi etico-culturali-religiosi, il vincolo che la lega allo Stato italiano, attraverso il regime concordatario e i suoi corposi allegati finanziari, non esiti a proporre l'abrogazione del Concordato. In Parlamento la maggioranza sarebbe larghissima e voterei anch'io a favore".

Appena tre giorni dopo, su "Libero", il direttore Vittorio Feltri pubblicherà l'anonimo dossier-scandalo sulla vita privata di Boffo. Un fattore nuovo, che porterà il direttore dell'Avvenire sulla strada delle dimissioni.

Tra i nemici di giornata dell'ex presidente Cossiga non può essere scordato l'ex premier spagnolo José Maria Aznar. Tra il 1998 e il 2002 la polemica tra i due toccò vette così alte da rischiare di mettere in crisi i tradizionali rapporti di vicinanza tra le diplomazie italiana e spagnola.

La ragione? L'eccessiva vicinanza dell'ex capo dello Stato con il partito indipendentista basco Pnv. Una formazione di ispirazione cattolico moderata, maggioritaria nei Paesi baschi. Cossiga ne aveva sposato la causa, spingendosi a un'apologia dell'indipendentismo che in Spagna risultò molto criticata. Aznar rimproverava al Pnv (e, di riflesso, al politico italiano che se ne faceva difensore sulla scena europea) il dialogo con le formazioni terroristiche Eta e Batasuna. L'ex presidente, in verità, aveva sempre condannato il terrorismo, ricordando che "anche nei Paesi Baschi è una forma di lotta ormai anacronistica, visto che in Spagna vige ormai una democrazia, della quale è garante il re Juan Carlos".

Qualcuno in Sardegna ha notato che Cossiga è sembrato sposare la causa dell'indipendenza basca con molto più vigore di quanto abbia mai sostenuto quella dell'autonomismo della sua Isola. Si tratta di un'analisi vera solo in parte, se si considera che l'ex presidente ha più volte sostenuto la necessità della riscrittura dello Statuto sardo, arrivando a chiedere in più di un'occasione l'elezione di un'assemblea costituente del popolo sardo, offrendo anche la sua piena disponibilità a presiederla. Riteneva, però, che l'assenza di un partito a vocazione autonomista, forte e organizzato sul modello del Pnv, penalizzasse la capacità dei sardi di ottenere davvero risultati concreti sul fronte di un accrescimento dell'autonomia.

A proposito dei dissidi con l'ex premier spagnolo Aznar, formidabili le picconate a lui rivolte da Cossiga tra il 1998 e il 2001.

In entrambe le occasioni il senatore a vita rubò la scena di vertici del Partito popolare europeo, organizzati a Madrid. Nel primo caso Aznar manifestò disagio per il ruolo di mediatore nel processo di pace nei Paesi Baschi che un giornale basco aveva adombrato per l'ex presidente della Repubblica.

Il ministro dell'Interno e il portavoce del governo avevano ribadito la loro linea di chiusura totale a mediazioni straniere. Cossiga rispose così: "Io non pretendo di essere un mediatore, perché per mediare bisogna essere scelti da entrambe le parti. Ma tutto quello che potrò fare per aiutare i baschi lo farò, piaccia o non piaccia ad Aznar. Se non mi vuole in Spagna, ha la possibilità di dichiararmi persona non gradita e di farmi respingere alla frontiera".

Nel 2001 la polemica si fece al calor bianco. In un'intervista a El Mundo, poco dopo aver ricevuto due premi in qualità di "amico dei baschi", l'ex presidente fu durissimo: "Aznar era franchista quando io lottavo con il terrorismo", disse, qualificando Carlos Iturgaiz, giovane capo del Partito popolare (Pp) nei Paesi Baschi come "un mentecatto, un ignorante, un basco rinnegato". Iturgaiz aveva detto che il premio della Fondazione Sabino Arana, concesso all'ex presidente della Repubblica, "brucerebbe nelle mani di qualsiasi persona sensata perché Arana è l'incarnazione del razzismo e della xenofobia". Cossiga rispose così:

"Mi piacerebbe sapere dov'era Iturgaiz quando Franco fucilava i baschi. Se fosse già nato si sarebbe schierato dalla parte dei fucilatori".

Uno scandalo quello che sta succedendo in Catalogna, sembra di essere tornati al periodo buio del franchismo.

Capitolo 13

Ordine Pubblico

Sarebbe ingeneroso giudicare il presidente Cossiga solo per la sua ultima uscita in materia di ordine pubblico. Una dichiarazione violenta, persino per un personaggio che lo stereotipo da grande esternatore, sempre col piccone in mano, aveva incoronato come capace di tutto. Sarebbe ingeneroso, ma per completezza di informazione, l'episodio non può essere taciuto. Anche se va inquadrato in un'esperienza personale più lunga e articolata.

L'incidente diplomatico (così lo definirà con qualche amico fidato l'ex presidente) è datato 22 ottobre 2008 e attiene a un'intervista rilasciata ad Andrea Cangini (l'abbiamo già incontrato a proposito del libro Fotti il potere) sul Quotidiano nazionale. Al giornalista, che gli chiedeva se Berlusconi non avesse esagerato, minacciando l'utilizzo della forza pubblica per rispondere alle manifestazioni di piazza contro la riforma del sistema scolastico e dell'università, varate dal nuovo ministro Mariastella Gelmini, rispose così: "Se ritiene di essere il presidente del Consiglio di uno Stato debole ha fatto male, altrimenti no. Ma poiché l'Italia è uno Stato debole, e all'opposizione non c'è il granitico Pci, ma l'evanescente Pd, temo che alle parole non seguiranno i fatti e che quindi Berlusconi farà una figuraccia. Quali fatti? Maroni dovrebbe fare quel che feci io quando ero ministro degli Interni, negli anni '70. In primo luogo lasciar perdere gli studenti dei Licei, perché pensi a cosa succederebbe se un ragazzino di 12 anni rimanesse ucciso o gravemente ferito. Gli universitari, invece, li lascerei fare. Ritirerei le forze di polizia dalle strade e dalle università, infiltrerei nel movimento degli agenti provocatori pronti a tutto, e lascerei che per una decina di giorni i manifestanti potessero devastare i negozi, dare fuoco alle auto e mettere a ferro e fuoco le città. Dopo di che, forte del consenso popolare, il suono delle sirene delle ambulanze dovrebbe sovrastare quello delle auto di Polizia e Carabinieri. Nel senso che le forze dell'ordine dovrebbero massacrare i manifestanti senza pietà e mandarli tutti in ospedale. Non arrestarli, che poi tanto i magistrati li rimetterebbero subito in libertà, ma picchiare a sangue anche quei docenti che li fomentano. Non quelli anziani, certo, ma le maestre ragazzine sì. Si rende conto della gravità di quello che sta accadendo? Ci sono insegnanti che indottrinano i bambini e li portano in piazza: un atteggiamento criminale. Sarebbe un ritorno al fascismo? Balle, questa è la ricetta democratica: spegnere la fiamma prima che divampi l'incendio. Io credo davvero che il terrorismo sia destinato a tornare a insanguinare le strade di questo Paese. E non vorrei si dimenticasse che le Brigate rosse non sono nate nelle fabbriche ma nelle università. E che gli slogan che usavano li avevano usati prima di loro il Movimento studentesco e la sinistra sindacale".

Ancora oggi il testo di quell'intervista è tra i più "cliccati" sui motori di ricerca ed è ingiustamente associato o propagandato come il vero manifesto politico di Cossiga. Eppure, scorrendo la sua biografia e ricostruendo i suoi atti pubblici, scopriremo che non è proprio così. O, meglio, che spesso gli uomini di Stato adattano la loro strategia rispetto alle situazioni e ai momenti storici che si trovano ad affrontare.

Abbiamo già detto che Cossiga arrivò al Viminale il 12 febbraio 1976, chiamato da Moro in sostituzione dell'altro democristiano Luigi Gui. Erano anni in cui le tensioni sociali erano altissime e la minaccia terroristica era quotidiana. Se si associano le proteste operaie, il fenomeno dei sequestri in Sardegna, le guerre di mafia in Sicilia e Calabria, il separatismo nel Trentino Alto Adige, non è esagerato dire che il ministero degli Interni era l'epicentro dell'emergenza continua.

Per far comprendere quale fosse la situazione è sufficiente scorrere l'archivio dei giornali di quell'anno. L'8 giugno, a Genova, per mano delle Br, si registrò l'assassinio del giudice sardo Francesco Coco, accusato dai terroristi di essere il duro della Procura ligure e di aver fatto fallire lo scambio tra il giudice Mario Sossi, sequestrato qualche tempo prima, e i gappisti del gruppo XXII ottobre. Appena un mese dopo, il 10 luglio, a cadere sotto i colpi di Ordine Nuovo è invece il magistrato romano Vittorio Occorsio.

A fine anno inizia, invece, l'offensiva del gruppo terroristico Prima Linea. Il 10 ottobre una delle prime azioni è l'assalto alla sede Dc di Torino. Tra i componenti di quel commando c'è anche Marco Donat Cattin, che abbiamo già incontrato in un precedente capitolo. Il 29 novembre, invece, cinque esponenti dello stesso gruppo eversivo irrompono nella sede del gruppo dirigenti della Fiat, a Torino. Incatenano gli impiegati, "espropriano" i soldi che trovano e appongono, con una bomboletta spry, la loro firma: "Prima linea" compare per la prima volta sullo scenario della lotta di classe.

In quel quadro il ministro degli Interni Francesco Cossiga diventò uno dei più fermi sostenitori della legge Reale, entrata in vigore nel 1975. A firmarla fu l'allora ministro di Grazia e Giustizia, il repubblicano Oronzo Reale. Tra le misure straordinarie, l'estensione del ricorso alla carcerazione preventiva (anche in assenza di flagranza di reato, consentiva un fermo di 96 ore prima della convalida dell'autorità giudiziaria), il divieto di utilizzo di caschi o di altri elementi che rendevano irriconoscibili i partecipanti a una manifestazione pubblica e l'estensione della possibilità, per le forze dell'ordine, del legittimo utilizzo delle armi non solo in presenza di violenza e resistenza ma anche quando si trattava di prevenire altri tipi di reato, quali strage, omicidio, rapina a mano armata e sequestro di persona.

Com'era naturale la legge suscitò molte polemiche e fu anche sottoposta a referendum, celebrato l'11 giugno 1978. Fu un trionfo per i partiti di governo che, col tacito sostegno del Pci, sceglievano la linea della fermezza: il 76,5% votò per il mantenimento e solo il 23,5 per l'abrogazione.

A legge Reale vigente e con Cossiga al Viminale, l'11 marzo 1977 a Bologna, nel corso di durissimi scontri tra studenti universitari e forze dell'ordine, morì il militante di Lotta Continua Pierfrancesco Lorusso. Alle successive proteste degli studenti il ministro reagì mandando veicoli di trasporto truppa blindati (gli M113) nella zona universitaria. Si disse che Lorusso fosse morto perché un carabiniere, prima arrestato e successivamente prosciolto, gli aveva sparato alla schiena. L'autopsia rivelò, invece, che il colpo mortale aveva raggiunto il militante di Lotta Continua in pieno petto.

Il 21 aprile gli scontri di piazza, che si erano susseguiti per un intero mese e in molte città, dopo la morte di Lorusso, portarono a un altro lutto: a Roma una sparatoria tra agenti di Polizia e manifestanti di Autonomia operaia si concluse con l'uccisione dell'agente Settimio Passamonti. Cossiga riferì immediatamente al Parlamento e annunciò un nuovo giro di vite nei confronti delle contestazioni: "Deve finire il tempo dei figli dei contadini meridionali, servitori dello Stato, uccisi dai figli della borghesia romana".

In quella stessa informativa il ministro degli Interni annunciò di aver vietato, almeno fino al 31 maggio, tutte le manifestazioni pubbliche, ad eccezione di quelle indette dai partiti dell'arco costituzionale. Anche in quel caso il provvedimento di Cossiga venne sostenuto dal Pci, che riteneva di non trovarsi "più di fronte a turbamenti anche violenti dell'ordine ma a un criminoso assalto armato allo Stato e alla società", chiedendo apertamente "fermezza, ordine e sicurezza nella democrazia".

Il Partito Radicale di Marco Pannella, che non faceva parte dell'arco costituzionale, decise di sfidare apertamente il divieto, indicendo un sit-in a piazza Navona per il 12 maggio, motivato dalla raccolta di firme alla proposta dei referendum abrogativi e per celebrare il terzo anniversario della vittoria nella precedente consultazione sul divorzio.

La ricostruzione di quel che accadde quel giorno è controversa. È certo che nella manifestazione si infiltrarono esponenti del movimento studentesco e della sinistra extraparlamentare, che volevano protestare contro la riduzione degli spazi democratici. Ed è anche certo che, come era stato pianificato in una riunione svoltasi qualche giorno prima al Viminale, in piazza ci fossero centinaia di agenti in assetto anti-sommossa e in borghese. A fine serata, nella zona di Ponte Garibaldi, scoppiò una sparatoria e sul terreno rimasero tre ragazze e un carabiniere. La diciottenne Giorgiana Masi, che faceva parte della schiera dei manifestanti, venne uccisa, colpita alla schiena da alcune revolverate.

"Scongiurai Marco Pannella – racconterà, anni dopo, Cossiga – di disdire il comizio di Piazza Navona ma egli non accolse il mio invito. Il reparto dei carabinieri che si trovava dall'altra parte del ponte, subito accusato di aver aperto il fuoco, per ordine dell'autorità giudiziaria fu disarmato da elementi della Squadra Mobile: alla perizia, risultò che nessun colpo era stato sparato. Da parte mia, rimossi dalla carica di questore di Roma un caro amico che però mi aveva falsamente informato non esservi in piazza poliziotti e carabinieri in borghese con le armi in mano, il che non era vero. Ma neanche dalle armi di costoro risultò fosse stato sparato il colpo mortale".

L'inchiesta su quel delitto venne chiusa nel maggio 1981: il giudice istruttore e il pubblico ministero concordarono sulla richiesta di impossibilità di procedere, in quanto i responsabili erano rimasti ignoti. La sentenza così recitava: "È netta sensazione del giudice che mistificatori, provocatori e sciacalli (estranei sia alle forze dell'ordine sia alle consolidate tradizioni del Partito Radicale, che della non-violenza ha sempre fatto il proprio nobile emblema), dopo aver provocato i tutori dell'ordine ferendo il carabiniere Francesco Ruggiero, attesero il momenti in cui gli stessi decisero di sbaraccare le costituite barricate e disperdere i dimostranti, per affondare i vili e insensati colpi mortali, sparando indiscriminatamente contro i dimostranti e i tutori dell'ordine".

Nel 2005 Cossiga, in un'intervista a Repubblica, ripetà di essere intimamente convinto che Giorgiana Masi sia stata uccisa "da colpi vaganti sparati da dimostranti, forse suoi compagni e amici con i quali si trovava, contro le forze dell'ordine".

Una versione da sempre contestata da Pannella e che anche il magistrato romano Giovanni Salvi, nel 1998, aveva provato a confutare, seguendo la pista dell'arma del delitto. La nuova inchiesta giudiziaria non portò a risultati diversi dalla prima, nonostante l'ex presidente della commissione Stragi Giovanni Pellegrino, ripercorrendo quei giorni, abbia affermato che "in piazza ci può essere stato un atto di strategia della tensione, un omicidio deliberato per far precipitare la situazione e determinare una soluzione involutiva dell'ordine democratico".

Sta di fatto che, dalla fine del 1977, gli studenti iniziarono a scrivere sui muri il nome di Cossiga con una kappa iniziale e usando la doppia esse uncinata, quella delle SS naziste.

Il ministro degli Interni Francesco Cossiga non si occupò solo di reprimere i moti di piazza ma lavorò per riorganizzare le forze di polizia, dando loro un assetto nuovo e di una modernità tale che, ancora oggi, non si è sentita l'esigenza di introdurre cambiamenti.

Per la riforma si fece ispirare da un'azione che, nell'ottobre del 1977, venne portata avanti dal gruppo GSG-9 della polizia tedesca in Somalia. In quell'occasione 86 passeggeri di un aereo Lufthansa, presi in ostaggio da un gruppo di terroristi, vennero liberati senza che ci fosse perdita di vite umane.

Fu così che Cossiga imbastì un progetto di riforma che creava quattro Unità di intervento speciale, che si sarebbero dovute specializzare in interventi anti-terrorismo. La Marina dedicò un aliquota del Comsubin (comando subacqueo incursori), l'Esercito una del battaglione dei paracadutisti Col Moschin, i Carabinieri una del battaglione paracadutisti Tuscanica, mentre la Polizia creò nuovi reparti specializzati. Si stabilì che le unità delle Forze armate si sarebbero dedicate a interventi in ambito militare, quelle della Polizia dell'ambito civile e dell'ordine pubblico, mentre ai Carabinieri vennero riservate entrambe le opzioni.

Marina militare ed Esercito mantennero il personale delle Unità di intervento speciale all'interno dei loro reparti di origine, mentre il Comando generale dell'Arma dei Carabinieri preferì istituire un nuovo gruppo autonomo, che prese il nome di Gis (Gruppo d'intervento speciale). La Polizia di Stato, il 6 febbraio 1978, si dotò del Nocs (Nucleo operativo centrale di sicurezza).

Lo stesso Cossiga gettò le basi per la riforma dell'aprile 1981, che smilitarizzò la Polizia, facendone un corpo civile militarmente organizzato. Se ne iniziò a parlare, sempre nel periodo di sua permanenza al Viminale, con la legge di riordino dei Servizi segreti. Da un lato si affidava al governo il controllo politico ma dall'altro si apriva a facilitazioni operative per il coordinamento dell'azione dei servizi e delle polizie.

Nel 2008, in occasione delle celebrazioni per i trent'anni dall'istituzione dei corpi speciali, il presidente Cossiga seppe commuoversi: "Il Nocs, il Gis, il Col Moschin e il Comsubin sono una delle poche cose che mi sono riuscite nella vita – scherzò – e di questo sono fiero. Quando convocai il capo della Polizia e il comandante generale dell'Arma, dicendo loro quale era la mia intenzione, forse non mi presero troppo sul serio. Magari pensavano che, essendo un fissato dei soldatini di piombo, volessi giocare. Ma io, che sono sardo, e quindi ho la testa dura, misi subito la cosa nero su bianco. Questi corpi speciali sono diventati uno strumento essenziale a tutela dell'ordine e della sicurezza pubblica, è importante assicurare a questi uomini gli strumenti di cui hanno necessità: mi auguro anche che il governo li inquadri nell'alveo delle forze utilizzabili per interventi all'estero".

Cossiga si dimetterà da ministro degli Interni nel giorno del ritrovamento del cadavere di Aldo Moro. Nel 1979, però, venne richiamato in prima linea dal presidente Pertini, che lo incaricò di formare il governo.

Arrivato a Palazzo Chigi si ritrovò a confrontarsi con gli stessi problemi che aveva lasciato un anno prima. Tanto che, prima con un decreto e poi con la conversione del febbraio 1980, mise la sua firma sotto una nuova legge speciale. "Recepimmo un grido d'allarme che proveniva dalla magistratura", ricorderà Cossiga, "dovemmo varare misure d'urgenza per la tutela dell'ordine democratico e contro il terrorismo".

Con quella legge venne introdotto il nuovo reato di associazione ai fini di terrorismo, con condanne che andavano ad aggiungersi a quelle per l'associazione sovversiva. E l'aggravante del terrorismo venne dichiarata prevalente, sempre, su qualsiasi circostanza attenuante. Per un anno, poi, venne introdotta la norma che stabiliva come il fermo per individui "che stanno per commettere un reato legato al terrorismo" potesse durare sino a 96 ore. Un altro articolo estendeva i poteri di perquisizione e permetteva la misura, per causa d'urgenza, anche senza il mandato del magistrato competente. La legge prevedeva anche un inasprimento del periodo massimo della carcerazione preventiva e incentivi per i pentiti, con sconti di pena per chi decidesse di collaborare con la giustizia.

In molti sostengono che proprio grazie a questa legge magistratura e forze dell'ordine vennero finalmente dotate dei poteri necessari a combattere e vincere la guerra al terrorismo.

Questi gli atti, spesso messi in secondo piano dall'amore per la battuta e per la provocazione che sembrava aver pervaso l'ex presidente nell'ultima fase della sua vita: "Un'efficace politica dell'ordine pubblico deve basarsi su un vasto consenso popolare, e il consenso si forma sulla paura, non verso le forze di polizia, ma verso i manifestanti – scrisse in una lettera aperta, nel novembre 2008 – l'ideale sarebbe che di queste manifestazioni fosse vittima un passante, meglio un vecchio, una donna o un bambino, rimanendo ferito da qualche colpo di arma da fuoco sparato dai dimostranti: basterebbe una ferita lieve, ma meglio sarebbe se fosse grave, ma senza pericolo per la vita. Io aspetterei ancora un po' e solo dopo che la situazione si aggravasse e colonne di studenti con militanti dei centri sociali, al canto di "Bella ciao", devastassero strade, negozi, infrastrutture pubbliche e aggredissero forze di polizia in tenuta ordinaria e non antisommossa e ferissero qualcuno di loro, anche uccidendolo, farei intervenire massicciamente e pesantemente le forze dell'ordine contro i manifestanti".

Capitolo 14
Piccolo Vishinsky

Francesco Cossiga sapeva essere irresistibilmente attratto dai suoi più fieri oppositori politici. A patto che li giudicasse meritevoli di attenzione e riconoscesse loro un qualche primato intellettuale.

Uno dei tanti esempi che si possono fare è quello di Luciano Violante, ex magistrato, giurista e parlamentare di peso del Pci-Pds-Ds, transitato poi nel Pd. Per lui, che incontrò tante volte sulla propria strada in veste di inquisitore, Cossiga coniò la definizione di "piccolo Vishinsky". E a chi gli faceva notare che il riferimento potesse essere vagamente offensivo, il presidente replicava perfidamente: "Si potrebbe risentire? Allora mi correggo subito: è un grande Vishinsky".

Il riferimento era al grande inquisitore del regime staliniano, freddo esecutore delle "purghe" imposte dal segretario del Pcus, leader massimo dell'Urss.

E Violante, invece? Magistrato dal 1966, libero docente di Diritto penale all'università di Torino, divenne giudice istruttore nel 1977. Nel 1979 si iscrisse al Pci e venne eletto alla Camera. Nel 1983 le dimissioni da magistrato.

Perché Cossiga era arrivato ad avercela con Violante, tanto da affibbiargli un tale appellativo? Diciamo che le esperienze politiche dei due si incrociarono in momenti non proprio felici per lo statista sassarese. La prima volta, come già detto, nel 1980, all'epoca della messa in stato d'accusa dell'allora presidente del Consiglio per il caso Donat Cattin. Violante fu l'inquisitore designato dal Pci per istruire il "processo" e sostenerlo non solo davanti alle Camere ma anche mediaticamente e nella società civile. Il Parlamento mandò assolto Cossiga, ma l'opera di indebolimento della sua figura in certi ambienti ebbe il risultato sperato.

Prima ancora, al futuro presidente della Repubblica non era nemmeno piaciuta l'inchiesta istruita dall'allora magistrato Violante (non ancora diventato deputato), che portò all'arresto dell'ex partigiano Edgardo Sogno, accusato di golpismo. Un'indagine che finirà in una bolla di sapone, con la medaglia d'oro per la Resistenza che uscì assolta da tutte le accuse.

In epoca successiva i duellanti ebbero molteplici altre occasioni di scontro. La prima, quella dell'impeachment intentato dal Pds all'epoca della presidenza della Repubblica. Anche in quell'occasione Violante fu il frontman dello schieramento che teorizzava, per il capo dello Stato, l'accusa di attentato alla Costituzione e sovvertimento dell'ordine democratico. Una vicenda dilaniante che, ancora una volta, si concluse con un nulla di fatto.

Le accuse più dure di Cossiga allo storico avversario (che fu anche componente della commissione parlamentare sul sequestro e l'uccisione di Aldo Moro), per ironia della sorte, arrivarono soprattutto a causa di altre vicende, che riguardavano la presidenza della commissione Antimafia, dal 1992 al 1994. Fu lui ad aprire un'indagine parallela, rispetto a quella dei giudici siciliani, che lo portò a raccogliere la deposizione choc nella quale il pentito Tommaso Buscetta riempì di contenuti le sue precedenti affermazioni, rilasciate allo scomparso Giovanni Falcone, sull'esistenza di un terzo livello della mafia, tutto legato agli intrecci col potere politico siciliano e romano. Fu proprio dagli atti della commissione che nacquero i presupposti – sosteneva Cossiga – delle successive incriminazioni di politici di primo piano della Dc come Giulio Andreotti e Calogero Mannino, accusati di concorso esterno in associazione mafiosa e poi comunque assolti, pur con qualche ombra legata alla prescrizione, in sede di sentenza definitiva.

Nei giorni successivi alla scomparsa dell'ex presidente della Repubblica, Violante rilasciò un'intervista al "Corriere della Sera", nella quale rivelò come i rapporti tra i due fossero cambiati dal 1996 in poi, quando l'ex magistrato di sinistra era stato chiamato ad assumere la presidenza della Camera dei deputati. "Non ho mai replicato all'accusa di essere un "piccolo Vishinsky" perché ritenevo giusto non polemizzare con il capo dello Stato. E poi con Cossiga ho avuto rapporti altalenanti, ma prevalentemente positivi", raccontò all'intervistatore, ricordando di aver incontrato per la prima volta Cossiga al Viminale nel 1978, all'epoca della lotta contro le Brigate Rosse. "Ero giudice istruttore a Torino e lui, dopo aver letto una mia intervista sulla lotta al terrorismo, mi invitò al Ministero per uno scambio di opinioni. Andai a Roma: la conversazione fu molto cordiale". Poi, però, ci fu il caso Donat Cattin. "Ero diventato deputato nel 1979 e per conto del partito, parlai in Aula. Cossiga, presidente del Consiglio, era accusato di aver rivelato all'onorevole Donat Cattin che suo figlio Marco era ricercato per l'omicidio di Alessandrini. Ricostruii la vicenda e chiesi a Cossiga di fornire le necessarie spiegazioni in Parlamento. L'indomani, mi incontrò in Transatlantico e mi offrì un caffè. Mi disse: voi comunisti non capirete mai che cosa è la famiglia per noi cattolici".

Dopo tanti anni di tensione arrivò anche il tempo della frequentazione amichevole: "A volte mi invitava a colazione verso le 6 e 30. Mi riceveva in una stanza tonda, piena di libri di spionaggio. Aveva capito, ben prima del crollo del Muro, che la crisi del bipolarismo internazionale si sarebbe rovesciata sull'Italia più che sugli altri Paesi, con conseguenze per tutti i partiti, Pci compreso. Invitava i responsabili a prepararsi per gestire il dopo guerra fredda. Nessuno lo seguì e i partiti crollarono, come aveva previsto. Vedeva più lontano, aveva una sicura fede repubblicana e una profonda intelligenza dei fatti politici. Lo avevo informato che dopo ogni colloquio di livello noi compilavamo una breve nota per la segreteria del partito. Mi disse che lo sapeva e mi chiese solo di omettere i giudizi sulle persone. Rispettai quella richiesta".

Nei primi anni '90 arrivano le "picconate" del presidente e le rivelazioni su Gladio, seguite dalla richiesta di impeachment che, come detto, Violante sostenne in aula. "Capì che i partiti non si sarebbero riformati e si batté a questo punto per la riforma delle istituzioni anche con attacchi molto ruvidi. In questo contesto maturò lo scontro e iniziò a chiamarmi piccolo Vishinsky".

All'intervistatore, che gli chiedeva se si fosse pentito dell'iniziativa sull'impeachment, l'ex presidente della Camera rispondeva così: "Non avrebbe senso. Gli attacchi erano continui. Il Psi chiese un comitato di saggi per valutare le sue dichiarazioni. Ne discutemmo a lungo nei gruppi. Giorgio Napolitano e i compagni più vicini a lui erano contrari". Eppure con Cossiga si era condivisa l'adozione della linea della fermezza ai tempi del sequestro Moro: "La scelta fu tragica; ma trattare con le Br non ci avrebbe dato la certezza di salvare Moro e ci avrebbe esposto a insostenibili ricatti. L'assassinio di Moro lo ha segnato profondamente per tutta la vita". Cossiga lascia ombre? "E' inevitabile che nella vita di un uomo che ha ricoperto incarichi politici del massimo rilievo ci siano aspetti meno condivisibili". Il giudizio finale contiene quasi un rimpianto per aver perso un avversario fierissimo, ma di spessore: "Lui era un uomo che non serbava rancori e quindi era possibile, dopo essersi scontrati, rimanere amici. Ho l'impressione che qualche volta si accorgesse che le parole che usava andavano oltre le sue intenzioni. Penso ai vari scontri politici di cui è stato protagonista, di varia natura e vario orientamento. Ce ne sono stati davvero tanti".

Forse non tutti ricordano che, già all'epoca dello scontro al calor bianco, Violante era stato capace di pubblici riconoscimenti nei confronti dell'allora capo dello Stato: "Può sembrare strano, ma le analisi di Cossiga hanno affinità con le intuizioni di Moro. Soprattutto per la capacità di ragionare al di fuori degli schemi tradizionali – disse l'allora esponente del Pds nel corso di un'intervista concessa al settimanale Panorama – il presidente dice alla Dc: scomparso il nemico comunista, rischiate di scomparire anche voi, travolti dal vostro doppio fondo. Quindi, cambiate, sbarazzatevi del passato". C'era una somiglianza con Moro, secondo Violante, che risiedeva proprio nella capacità di indicare la via d'uscita in una situazione bloccata: "Non ci interessa l'uso strumentale del presidente. Molte delle sue posizioni – continua Violante – sono inaccettabili perché non toccano quelle che io considero "le questioni di struttura". C'è, insomma, un Cossiga che non mi piace, quello arrogante, che attacca i giudici e dice di non sapere cos'è la P2; quello che dà del cretino e del corrotto a chi esprime giudizi diversi dai suoi; quello che dice "dimentichiamo il passato". Mi piace invece – concluse Violante – il Cossiga che si chiede se non ci sia responsabilità della Dc nella crescita della mafia".

E Cossiga, cosa diceva pubblicamente di uno dei suoi storici avversari? Nel 2007 gli indirizzò una lettera aperta significativa, dato il momento politico. A Palazzo Chigi c'era Prodi, a capo di un governo che a Palazzo Madama era costretto a contare sull'appoggio dei senatori a vita. Luciano Violante era presidente della commissione Affari costituzionali della Camera, mentre Clementina Forleo e Luigi De Magistris erano, rispettivamente, magistrati in servizio a Milano e Catanzaro. Toghe in quel momento scomode, perché si trovavano a indagare su esponenti dei Ds (nel primo caso D'Alema e Latorre) e persino su Prodi (nel secondo caso). Da Violante arrivò un richiamo al serio rispetto del segreto istruttorio e un velato avvertimento ad "abbandonare le tesi che sanno di politica".

Fu allora che Cossiga decise di prendere carta e penna, rivolgendosi pubblicamente all'esponente dei Ds: "Lasciate in pace la Forleo e De Magistris, come lasciaste in pace Caselli e compagni, quando perseguitavano Andreotti, e Borrelli e il pool di Mani pulite quando demoliva la prima Repubblica, anche portando al suicidio alcune persone, e perseguitava Silvio Berlusconi. Non ti ho mai sentito protestare allora, caro Luciano, e spero che, anche se hai già commesso un errore, più non protesti o condanni la Forleo o De Magistris. Lascialo fare a me, che non sono un giurista democratico; anzi, che sono solo un giurista fallito o soltanto mancato, lascio giudicare al tuo buon cuore. Io sono per l'effettività del diritto. E nel nostro ordinamento giudiziario non esiste alcun divieto alle esternazioni dei magistrati, che possono essere un utile mezzo di giustizia popolare e democratica, attraverso gli strumenti mediatici. E la Forleo ha il diritto di dire quello che vuole e dove vuole. Quanto a De Magistris, lo ritengo dotato di fantasia politico-giudiziaria. Ed egli è ancora di più dalla parte del giusto, perché anche in uno Stato di diritto nel cui tipico ordinamento giudizia rio le funzioni e le carriere del pubblico ministero e del giudice sono nettamente distinte, gli avvocati (che questo sono) del pubblico ministero, al contrario dei giudici, hanno il diritto di dire quello che vogliono e di fare le dichiarazioni che vogliono. Auspico che siano i giudici a giudicare delle inchieste e degli atti del giudice per le indagini preliminari Clementina Forleo e siano i giudici, ordinari o speciali, a giudicare delle inchieste e degli atti del pubblico ministero De Magistris. E non certo, per carità, il Consiglio superiore della magistratura".

Un'altra volta, nel 2008, Cossiga utilizzò la figura di Violante per polemizzare con quasi tutti i partiti maggiori, in tema di giustizia: "Ormai siamo alla farsa che diventa tragedia – teorizzò – visto che Violante, che in molti, tra cui io stesso erroneamente, indicavano come il capo dei giustizialisti sta per diventare in realtà, per la sua cultura storica, politica e giuridica, il leader dei garantisti. Lo dico facendo riferimento alle sue recenti dichiarazioni a proposito di un ridimensionamento dell'auto-gestione della magistratura in sede di Csm. A questo punto affermo, senza tema di smentite, che il mio amico-nemico Luciano Violante è molto più garantista della maggioranza degli esponenti del Popolo delle Libertà e della quasi totalità degli esponenti dell'Unione di Centro e del Partito Democratico".

Capitolo 15

Quotidiani

Nell'ultima parte della sua vita l'ex presidente Cossiga si fece avvolgere dalla passione per la pubblicistica. Non solo libri e ricerche da pubblicare, ma anche il mestiere del "corsivista" per i quotidiani politici. A spiegare questa sua passione ci ha pensato Renato Farina (che con il senatore a vita aveva progettato di scrivere un libro a quattro mani, poi disconosciuto dal co-autore e pubblicato, esclusivamente a firma di Farina, col titolo Cossiga mi ha detto): "La più bella biografia se l'è costruita quando, per collaborare con noi, si è inventato lo pseudonimo di Franco Mauri, mettendo nero su bianco un curriculum da studen te di centrodestra, più a destra del maestro Cossiga, studente in gamba, voglioso di giornalismo, sardo senz'altro – raccontò Farina, che da vice-direttore di Libero fu a lungo il tutor di quello strano collaboratore – e poi un'altra biografia, ed è diventato Jansenius. Un teologo cattolico ma incline al moralismo un po' meno eretico di Giansenio. Fu felicissimo quando Ratzinger gli spiegò che forse Giansenio non era stato scomunicato, si sentì di nuovo abbracciato nella fede cattolica apostolica romana. Poi fu anche Mauro Franchi. Il rovescio di Franco Mauri, molto più a sinistra, a sinistra di Cossiga, marxista-leninista". E, ancora, spiegando il perché di quell'approdo a "Libero", di quella collaborazione così strana, quasi sollecitata dallo stesso ex presidente: "Nonostante la scarsità di denari e di firme, per il legame che Feltri era riuscito a stabilire con il suo pubblico, "Libero" continuava a sopravvivere. I colleghi avevano stabilito che il nostro era un fogliaccio orribile e i politici si regolavano nella stessa maniera. In Parlamento non ci davano retta, tranne pochissimi e di seconda fila. Si vergognavano di farsi vedere parlare con i nostri cronisti. Cossiga decise di scrivere per noi, di darci interviste forti, mettendo a disposizione dei nostri lettori la sua intelligenza esplosiva. Non sempre si accordava con il nostro sentimento e il nostro giudizio, ma l'emerito non se la prendeva per le critiche. Fu persino pronto a darci ragione quando senza preavvertirlo lo sbattemmo in prima pagina come uomo che aveva goduto di un volo gratuito su aereo privato di Parmalat. Fece di più: staccò un assegno, quasi 50 milioni di lire e li spedì alla Parmalat in lotta per non fallire, calcolò anche gli interessi".

Per Cossiga era una goduria scrivere sotto pseudonimo. E certamente si divertì a portare scompiglio quando, nel 2001, innescò una campagna di stampa finalizzata a portare il generale Nicolò Pollari ai vertici dei servizi di sicurezza. Il racconto di quegli episodi è sempre opera di Renato Farina, alias agente Betulla, oggi deputato del Pdl: "Com'è noto Cossiga era il massimo esperto del globo sulle questioni relative all'intelligence e agli 007 di ogni Paese e della galassia. Subito dopo l'11 settembre si mise in contatto con Feltri. Gli disse che Berlusconi stava per scegliere dei vertici del servizio militare (Sismi) e di quello civile (Sisde) disastrosi. Occorreva forzare la mano. Era disposto Feltri a ospitare dei suoi testi? Lo sciagurato disse sì e affidò a me l'opera di trasformare un meraviglioso enigmatico testo in qualcosa di masticabile per i lettori. Era d'accordo Cossiga? Di più: entusiasta. Lavorammo insieme, e uscì un articolo in cui Franco Mauri (lui, sotto pseudonimo) fucilava come traditori gli altri candidati e promuoveva a pieni voti e con la garanzia di salvezza per l'Italia i generali Nicolò Pollari per il Sismi e Mario Mori per il Sisde. Quando uscì, domenica 23 settembre 2001, esplose come una bomba. A tutta prima pagina: "Bush non si fida di noi. I servizi segreti italiani intossicati dal Kgb ancora in mano alla sinistra. E Berlusconi non riesce a cambiarli". Informatissimo. Gli americani entusiasti. Berlusconi preoccupato. Cossiga mi telefonò alle sette del mattino. Era fatta. Era felice. Mi disse, anzi ordinò: "Chiedi a Feltri di venire a Roma e di trattare la pratica per mio conto". Andai. Vidi il ministro della Difesa, il grande amico Antonio Martino. Mi chiese: "Chi è Franco Mauri?". Come, non hai capito? Ma è Cossiga... Francesco = Franco. Le teste di moro della bandiera sarda=Mauri. E Martino rise: "Pensa che il capo del Sismi (l'ammiraglio Battelli) ha messo alla frusta i suoi analisti e hanno risposto: è il generale Mario Mori". Lì capii che in effetti i nostri servizi non erano granché. E lo capì anche Martino, che appoggiò la richiesta di Cossiga. Berlusconi fu contento di acconsentire alla proposta. Il senatore a vita mi invitò a brindare: la nostra accoppiata aveva vinto per il bene dell'Italia".

Nel 2002 qualcuno capì che dietro quel nome fino a quel momento sconosciuto poteva celarsi la figura dell'ex presidente. Lui, con tanto di nota ufficiale, arrivò a smentire la circostanza. Nel 2003, quando l'editore Rubbettino pubblicò il libro Corsivi di un ragazzo di paese (prefazione di Vittorio Feltri e introduzione di Francesco Cossiga), Franco Mauri sull'ultima di copertina si presentò così: "Scrivo su "Libero" dal 2001, sono nato e abito in un piccolo paese del Goceano, regione storica della Sardegna. Studio all'università e sto per laurearmi in Lettere e Filosofia". Accanto, un'altra nota dell'autore: "Da più di un anno sono in molti a interrogarsi nel mondo giornalistico e politico da dove sia spuntato il ben informato Franco Mauri, che scrive i suoi articoli sistematicamente sulla prima pagina di "Libero". Qualcuno ha adombrato l'ipotesi che costui altri non sia che il presidente emerito della Repubblica Francesco Cossiga. Il "picconatore" smentisce categoricamente e, anzi, a riprova ha scritto addirittura l'introduzione di questa raccolta di articoli, in cui riconosce solo le comuni radici sarde con questo "giovane cronista di paese". Anche Vittorio Feltri, il direttore che lo ha scoperto, conferma che Mauri esiste. Siamo quindi più all'oscuro di prima, ma le idee, i contenuti degli articoli, sono chiari. Anzi, splendenti".

Ma cosa scriveva di così appassionante Cossiga? Su "Libero", come detto, a fare rumore fu il "pezzo" in cui veniva commentata la nomina di Mori e Pollari ai vertici dei servizi di sicurezza: "Nonostante la dura resistenza, tra il politico e il corporativo, alla fine le nomine ci sono state ed eccellenti. Mario Mori al Sisde e Nicolò Pollari al Sismi. Alla fine ha ceduto il bravo, elegante e affascinante capo di Stato Maggiore Rolando Mosca Meschini (altrimenti noto "Si scrive Mosca e si legge Visco") e sono andati a vuoto i tentativi dell'Ulivo, esperiti dall'ottimo "fouché catanese" Enzo Bianco. In particolare Bianco aveva posto il veto su Pollari. Sembrava vendicare non si sa per quali offese il "Vindice di Bruxelles", alias presidente della Commissione europea Romano Prodi. (A proposito: dopo la rovinosa caduta del governo D'Alema; dopo la rovinosa caduta fisica del senatore Cossiga, che lo portò su un tavolo operatorio; dopo il fallimento della candidatura di Franco Marini a presidente del Ppi; dopo la morte del dottor Enrico Cuccia e dopo le difficoltà dell'Hdp di Cesare Romiti – tutti "congiurati" che rovesciarono il governo Prodi per installare, come egli è uso dire, un comunista a Palazzo Chigi – sembra che la forza magica del

"Vindice di Bruxelles", sulla quale l'Ulivo aveva contato per far saltare la nomina dei capi dei Servizi, si sia affievolita…)".

Non meno graffiante sapeva essere Mauro Franchi, l'alter ego che si definiva "a sinistra del presidente emerito Cossiga". Nel novembre 2006 così lo presentò l'allora direttore del "Riformista" Paolo Franchi, precisando che non si trattava di un suo parente. L'articolo verteva sul rifiuto di Rutelli, segretario della Margherita, di accettare che il nascente Pd potesse confluire nella famiglia socialista europea: "E così il partito democratico non si farà. Francesco Rutelli, intervenendo nei giorni scorsi al convegno Dl di Frascati, lo ha ribadito in termini espliciti: "Il Partito democratico non entrerà assolutamente nel Pse". E ha aggiunto: "Noi siamo ostinati nel dire che il Pd sarà pluralistico, non di sinistra ma di centrosinistra. Entrerà nel Pse? Assolutamente no. Mettetevelo in testa, questo è pacifico". Non solo. Per Rutelli, "il mondo va oltre e noi vogliamo essere oltre queste dinamiche. Per un motivo pratico: perché in Italia dal 1945 non c'è mai stata una maggioranza di sinistra, mentre ce n'è stata una di centrosinistra. E così come non c'è mai stata in Italia dal 1945 ad oggi, non c'è più neanche in Europa". Insomma: l'intenzione dell'Ulivo non può essere quella di legittimare partiti post comunisti. E l'idea di un'autosufficienza socialista e socialdemocratica non esiste più neanche in Europa. Un vero e proprio requiem cui manca solo la musica di Mozart o di Verdi: "L'intenzione dell'Ulivo non è quella di legittimare partiti post comunisti!". E Rutelli ha ragione: perché i postcomunisti o i comunisti del "dopo il crollo del muro di Berlino" non hanno alcun bisogno di essere legittimati da una coalizione elettorale e di governo, perché li hanno legittimati la storia e il popolo italiano. Caso mai è vero il contrario, poiché dopo una "grande marcia" durata oltre sessant'anni, e che ha superato il "crollo", la dissoluzione dell'Unione Sovietica, la fine del sistema degli stati del socialismo reale e la fine del comunismo sovietizzante, il comunismo nazionale italiano di Gramsci, di Togliatti e di Berlinguer, come ha detto realisticamente Francesco Cossiga (che certamente non è comunista e non è mai stato un "compagno di strada", come i grandi Bobbio e Scalfari) "ha vinto", con la vittoria dei Ds, di Rifondazione Comunista e del Partito dei comunisti italiani. E l'Ulivo e poi l'Unione sono serviti, anche in questa grande vittoria del comunismo nazionale, a legittimare i moderati ex-democristiani, ex-radicali, ex-liberali, "senza partito" e nuovi "teodem" dei DlMargherita. Francesco Rutelli confonde l'autosufficienza come maggioranza di governo con l'autosufficienza come partito: e sbaglia pure in questo perché laburisti e socialdemocratici sono stati e sono autosufficienti anche come maggioranza di governo in molti paesi europei. Se vuole avere un'identità di "sinistracentro", il Partito democratico non può che entrare nel Partito socialista europeo e nell'Internazionale socialista che, venuta meno la "spinta innovativa" dei partiti cristiano-democratici, sono rimaste le uniche forze riformiste nel mondo. E il Partito socialista europeo, così come i partiti che ne fanno parte, sono sul piano politico programmaticamente socialisti, ma di ispirazione ideologica pluralista: marxisti, cattolici, evangelici, pragmatici. E perché mai i comunisti nazionali del partito dei Ds, la parte maggiore della grande famiglia di quello che fu il grande partito comunista italiano, il "partito nuovo", dovrebbe rinunciare al suo patrimonio ideale, alla sua tradizione, alla sua realtà di partito della classe lavoratrice per fare un favore al quasi "teodem" Francesco Rutelli? Chi è contro l'ingresso del possibile nuovo partito democratico nella famiglia socialista è contro il partito democratico: spinge necessariamente, secondo la acuta strategia dalemiana, i Ds, i comunisti italiani e Rifondazione a ritrovare la smarrita unità di un grande partito comunista democratico e nazionale, e spinge i Dl-Margherita verso l'area moderata".

Il notista politico Francesco Cossiga spaziava dai servizi segreti al centrosinistra del futuro, passando per le reminiscenze atlantiste e gli anni di piombo.

Nel 2006, intervistato da "Vanity Fair", circa l'improvvisa rinuncia a prendere parte a uno spot della compagnia telefonica Tre, se la cavò così: "Lo spot io non lo posso più fare", disse all'intervistatrice, "devo pensare al futuro di Franco Mauri, non posso essere egoista". E, ancora, rispondendo all'affermazione che in fondo dietro il nome di quel ragaz zo di recente iscritto all'ordine dei giornalisti si celasse proprio lui, l'ex presidente negava divertito: "Quel ragazzo, come lo chiama lei, è quello che mi sta più a cuore nel panorama del giornalismo italiano. Sono io ad aver dato l'esame da professionista grazie agli articoli firmati a nome di Franco Mauri su Libero? Non è vero".

Intanto non si trattava più solo di fondi e commenti: Mauri si spingeva persino a intervistare Cossiga. "Bella intervista vero? In quest'ultima ho sostenuto che la legge elettorale è una trovata di Berlusconi per seminare guai nel campo di Agramante, cioè in quello di Prodi. È proprio così". Ma è possibile che Mauri intervisti solo

Cossiga? "Ha visto che domande? Asciutte, britanniche, uno stile impeccabile. E ora, purtroppo". Quel purtroppo lasciava appeso più di un semplice interrogativo. Non è che in ballo ci fosse il divieto a fare pubblicità, imposto dall'Ordine dei giornalisti ai suoi iscritti? "Siccome io e Franco Mauri siamo due persone diverse, questo divieto non dovrebbe esistere – celiò l'ex presidente – ma se l'Ordine di Roma si ostina a credere che non sia così, Cossiga-Mauri potrebbe essere radiato. E, allora, meglio non correre il rischio".

A dicembre del 2005 l'università di Sassari – la sua città – decise di attribuirgli la laurea "ad honorem" in Scienze delle comunicazioni. "Questo riconoscimento non può che farmi felice, anche se sono iscritto all'Ordine dei giornalisti da soli tre anni – disse all'inviato de "L'Unione Sarda" Anna Piccioni – la prima cosa che ho scritto in vita mia è un saggio sul realismo cinematografico sovietico". Raccontò che accadde quando aveva 16 anni, e la pubblicazione, firmata Franco Mauri arrivò in un giornale di cultura "fatto dal grande giornalista Paolo Satta dopo il crollo del fascismo. Da allora mi sono divertito a scrivere con pseudonimi: Franco Mauri per dire cose di destra, Mauro Franchi per scrivere cose di sinistra".

Ha scritto articoli, lettere e interviste per "Il Riformista", "Il Giornale" e "Libero". "È stato Feltri a certificare i miei pezzi e iscrivermi all'Ordine", ammise. A 77 anni, "non è mai troppo tardi". Perché questi nomi se non sono neppure anagrammi del suo? chiese ancora la giornalista de "L'Unione". "Invece lo sono: io mi chiamo Francesco Maurizio, e siccome non sono Francesco Maurizio di Sassonia ma Francesco Maurizio di Chiaramonti, mi sono vergognato di usare il nome vero".

Il titolo della lezione che tenne all'ateneo sassarese, in occasione del conferimento della laurea, la lectio doctoralis, fu "La comunicazione e le virtù cardinali: prudenza, giustizia, fortezza e temperanza": "Nessuno può avere queste virtù in modo completo, sennò i giornalisti sarebbero santi. Sono d'accordo con quello che ha detto il presidente Ciampi nei giorni scorsi sulla televisione: dovrebbero dare la rappresentazione reale della realtà, non come i reality show che la danno distorta. Meglio rappresentare un freddo omicidio che una finta felicità. Il dovere del giornalista è riferire i fatti in modo esatto: i fatti sono sacri, il commento è libero. Il cattivo giornalista è colui che piega i fatti al commento o quello che fa un commento piegato ai fatti. Viviamo in un mondo in cui la libertà totale non è possibile e la proprietà dei giornali è capitalistica, necessariamente. Non si può pretendere che un giornalista sia libero di attaccare su "La Stampa" la Fiat, o critichi il gruppo De Benedetti su "Repubblica", o scriva su "L'Unità" che Togliatti è un assassino o che la Unipol è colpevole di scalare gruppi bancari. Perché allora dovremmo stabilire che i giornali siano fatti solo da cooperative di giornalisti, da sindacati, partiti e circoli religiosi. Neanche dalle Università, perché non si potrebbe parlare male del Rettore. Ribadisco che la stampa è tutta a sinistra: lo è il "Messaggero", nonostante sia di proprietà del suocero di Casini; lo è "La Stampa", specialmente con la nomina di Anselmi; il "Corriere della Sera", "Repubblica" e si dice che anche "Il Tempo" passi da quella parte". Cosa critica dell'informazione in Sardegna? "Direi che "L'Unione Sarda" è il "Corriere della sera" in formato ridotto e la "Nuova Sardegna" è La "Repubblica" in fotocopia. Li leggo entrambi e vedo: quello che è su uno non è sull'altro, sono ricchi di cronaca locale, ma "L'Unione" è più articolato. A mio parere dovrebbero rappresentare di più la realtà: ci riempiamo spesso la bocca di parole come sardità ma alla fine è una cosa che si sta perdendo e l'informazione in Sardegna non la cura abbastanza. Non mi sono mai fatto pagare per andare a una conferenza, in tivù o a cena. Potrei fare i nomi di quanti colleghi all'estero vanno a una cena e si fanno pagare da 25 mila a 50 mila euro. Quando Clinton è venuto a parlare al congresso dei pubblicitari si è portato via un sacco di soldi. Per fortuna in Italia non si usa, ma all'estero è normale essere tutti altamente retribuiti".

Capitolo 16

Religione

Amico personale del futuro Benedetto XVI, promotore della causa di beatificazione di Antonio Rosmini, studioso di questioni teologiche. Francesco Cossiga cercava il trascendente, trascurando in questo caso la politica e il suo stile aggressivo, pungente e scanzonato che spesso lo portava a entrare in polemica anche con le gerarchie ecclesiastiche.

In questo capitolo si racconta del "cattolico liberale" che confessava una forte passione per Sant'Agostino e per la teologia in generale. Ne conversava con Ratzinger prima che quest'ultimo, nel 2005, ascendesse al trono di Pietro. E durante uno di quei confronti arrivò a chiedergli di cancellare la scomunica che da Santa Romana Chiesa era arrivata a Giansenio, teologo e religioso olandese, ispiratore del giansenismo, una dottrina (equidistante tra il protestantesimo e il cattolicesimo) dichiarata eretica dalla Chiesa dopo la sua morte, avvenuta nel 1638 mentre era vescovo di Ypres, in Belgio.

In Cossiga si avvertiva un fortissimo senso del peccato e del contrappasso per le colpe umane. Una convinzione profonda, che emergeva ancora di più quando enumerava i suoi mali, arrivando a considerarli tutti doni inviati da Dio per invitarlo all'umiltà prima della dipartita: "Verrà la morte e io la bacerò", disse al giornalista Renato Farina, che ha riportato l'affermazione nel già citato "Cossiga mi ha detto".

Nel 2003 gli organizzatori del Meeting dell'amicizia tra i popoli di Rimini lo chiamarono a presentare il libro Fede, verità e tolleranza. Il cristianesimo e le religioni del mondo, scritto dall'allora cardinale Joseph Ratzinger. Cossiga parlò per due ore, chiarendo molte delle sue visioni a proposito dell'approccio con la fede: "Oggi c'è invero un gran bisogno di punti di vista di questo tipo, che facciano intendere in termini attuali e moderni, ma fedeli alla tradizione e cioè alla verità, il fenomeno dell'esistenza cristiana e, nello stesso tempo, restituiscano a quella esistenza una unità della quale è stata largamente privata dalla cultura cosiddetta moderna – disse il senatore a vita – ci imbattiamo spesso in elaborazioni teologiche che, magari buone da un punto di vista – squisitamente e, in parte, esclusivamente – specialistico, non hanno però alcun valore di sintesi. Si ripropone anche qui l'antico adagio filosofico tedesco per il quale sono in molti a vedere gli alberi, ma sono pochi a vedere il bosco".

E, ancora, motivando la sua vicinanza all'approccio del teologo Ratzinger con il cristianesimo: "Troppo spesso un certo sentimentalismo – contrabbandato talvolta come spiritualità o addirittura come mistica – viene a sostituirsi a ciò che è ineliminabile dall'orizzonte del cristiano credente: l'uso della ragione. Quasi sembra che passando attraverso la ragione, il messaggio sia quasi freddo, non possa cioè giungere al cuore. Come se il cuore albergasse dentro un corpo non fornito di intelletto e fosse da esso disgiunto! Così come d'altronde l'intelletto, in un corpo fornito di cuore, non può essere da esso disgiunto. Non deve essere così perché non è così! Non sarebbe male, ogni tanto, rileggersi un po' di Tommaso d'Aquino, di Agostino e di Pascal".

A proposito del libro del futuro Papa, si spinse a definirlo "illuminante anche su un problema che la lettura superficiale e, forse, non lungimirante e non linguisticamente attenta dei documenti conciliari in materia di ecumenismo, tolleranza, salvezza universale, ha fatto nascere quasi in contraddizione con l'apostolico mandato missionario dato alla Chiesa dal Cristo basato sull'esclusività ed esaustività della Rivelazione e della sua figura redentrice: Gesù di Nazareth". Dopo di che rivelò qual era il suo approccio: "Cattolico come si usava una volta dire "progressista", ai tempi della mia gioventù, "conciliarista arrabbiato", mi sono poi chiesto, forse temerariamente, lo riconosco, se – salvo certo il suo valore "provvidenziale" – la cultura filosofica e teologica non solo del laicato, quanto e soprattutto del clero, fosse pronta ad accogliere i messaggi, anche profetici, del Concilio Vaticano II, senza pericolosi fraintendimenti e avventurose "fughe in avanti". Si pensi alla "teologia della liberazione", e in campo liturgico o ecumenico, a certi travisamenti, storture, leggerezze e superficialità. C'è, infatti, un errore che accomuna la teologia della liberazione e una certa teologia liturgica, tendente a far prevalere l'assemblea dei fedeli, clero e laicato, sulla funzione personale e vicaria di Cristo che, essendo appunto personale e vicaria, non può essere sostituita da nessun soggetto, sia pure nel caso di una assemblea, ancorché cantante con tanto di tamburi e chitarra. Lo stesso avviene per la teologia della liberazione dove il progetto storico e al limite politico prevale o si identifica – ciò che è peggio – con la figura e la realtà del Regno di Dio. Sono tutte forme che quasi ripetono l'errore del pelagianesimo: quello di considerare l'uomo come capace di operare la sua salvezza da solo, con le sue forze. Queste paure vanno superate secondo una doppia direzione: una solida teologia della grazia gratis data e un'altrettanto solida presa in carico, da parte del credente cattolico, della propria responsabilità mondana, così come richiesto al "cristiano adulto" dalla lezione di un grande martire protestante, il pastore luterano Dietrich Bonhoeffer".

Cossiga sapeva di cosa stava parlando, anche perché molte ore delle sue giornate da semi-pensionato della politica erano caratterizzate dagli studi e dalle letture teologiche. Quegli stessi studi che lo portavano a rendersi protagonista di azzardate tesi sulla natura della fede: "L'uomo indaga razionalmente il Mistero perché nella sua natura c'è scritto il desiderio di quel Mistero come pegno di felicità: ma la conoscenza piena del Mistero è soltanto dono di Dio! E sempre mi sono posto il problema se il "credo ut intelligam" non prevalga sull'intelligo ut credam".

E, ancora, spinto al ragionamento da uno spunto rintracciato nel libro del cardinale Ratzinger: "La fede nella verità: una verità esclusiva è compatibile con la "tolleranza"? Qui sovviene la dichiarazione conciliare sulla libertà religiosa Dignitatis humanae – arrivava a sostenere – forse noi cattolici troppo tardi abbiamo scoperto che la libertà religiosa del cittadino si basa non solo sui principi di eguaglianza giuridica e di laicità dello Stato, ma anche e soprattutto sullo stesso concetto cristiano di fede e di salvezza, che è libera accettazione del Dio che viene verso di noi nel cammino della grazia per la Salvezza, Salvezza che non salva senza la libertà. Senza la libertà non vi può esser vera Fede e cioè Salvezza, né per il cristiano né per qualunque uomo. Perché l'Amore si dona e non si impone; si ricambia e non lo si subisce".

La conoscenza tra i coetanei Francesco Cossiga e Joseph Ratzinger (entrambi nati nel 1928) è databile al 1982: "L'approfondimmo nel 1983, quando diventai presidente del Senato – rivelerà lo statista sassarese. Ci siamo frequentati abbastanza. Andavamo a mangiare assieme, a casa sua, al ristorante o nell'abitazione del segretario monsignor Joseph Clemens. Mi cimentavo con lui in grandi discussioni teologiche e aveva la bontà di prendermi sul serio, definendomi in pubblico un laico di singolare cultura e sensibilità teologica. Quando diventai presidente della Repubblica lo ospitai diverse volte al Quirinale. Spesso lo chiamavo per porgli problemi teologici. In occasione del primo Sinodo, a vent'anni dal Concilio, organizzai un grande ricevimento al Quirinale, alla presenza di una delegazione episcopale. Il nostro rapporto è stato teologico e culturale".

In un'altra occasione Cossiga si trovò a difendere pubblicamente l'ormai Papa Benedetto, preso di mira dai media di mezzo mondo per il suo celebre discorso di Ratisbona: "Nessuno lo ha capito – disse il senatore a vita – e in troppi hanno inteso quelle parole come un attacco all'Islam. Non capendo che il riferimento alle altre religioni monoteiste era da intendere come funzionale al vero messaggio contenuto in quel discorso: la possibilità della ragione di attingere al vero".

Per far capire la natura del rapporto tra i due c'è da riferire un altro episodio, pubblico, datato 24 marzo 2007, quando il Papa tenne un'udienza generale dedicata a Comunione e Liberazione in piazza San Pietro. Cossiga non solo partecipò ma, nonostante le condizioni fisiche precarie, provò (e riuscì) a mettersi in ginocchio alla vista di Benedetto XVI. Sarà una fotografia a tramandare la reazione del pontefice che si protese verso di lui, rimproverandolo quasi del gesto, considerata la temperatura rigida e il tempo inclemente: "Mi disse di essere stupito della mia presenza e del mio atteggiamento, si preoccupò per i miei acciacchi", racconterà Cossiga, confessando di essere stato invitato, nei giorni successivi, a colazione oltre-Tevere.

Il giudizio che l'ex presidente della Repubblica dava di Giovanni Paolo II era diverso: "È stato un testimone, una personalità unica del secolo, un grande poeta, un non grandissimo filosofo fenomenologista, ma non si occupava di teologia – diceva Cossiga – era trascinato dall'amore e si era fatto entusiasmare dal dialogo interreligioso. A lui va riconosciuto di essere stato profetico per aver lasciato fiorire e riconosciuto i movimenti che tengono viva la Chiesa". Sempre a Renato Farina, con il quale registrò decine di ore di conversazioni, prima di ritirare la firma al libro che avrebbero dovuto pubblicare assieme, confidò: "Wojtyla è stato il Papa con il quale ho avuto più confidenza anche se non lo conobbi come vescovo o cardinale. Venne eletto otto mesi prima che mi insediassi a Palazzo Chigi come presidente del Consiglio. Andai a riceverlo in un paesino tra il Veneto, l'alto Adige e il Trentino, nel quale stava commemorando la figura del suo predecessore Albino Luciani. Ci presentammo e poi consumammo assieme la colazione nella casa del parroco. A fine giornata scherzò sul freddo che avevamo preso. E quel freddo me lo ricordò praticamente in ognuno dei colloqui successivi".

Non molti i contatti con Giovanni Paolo I, che morì appena 33 giorni dopo la sua elezione: "Lo conobbi mentre era cardinale a Venezia – confidò Cossiga – e di lui ricordo soprattutto il fatto che era stato chiamato a presiedere i lavori della commissione istituita da Paolo VI sulla pillola anticoncezionale. L'organismo, all'unanimità, si pronunciò favorevolmente al suo uso da parte dei coniugi. Va da sé che il pontefice scrisse l'enciclica Humanae vitae in palese disaccordo con la gerarchia. Almeno con quella che era rappresentata all'interno di quella commissione".

Con lo stesso Paolo VI i primi rapporti risalivano ai tempi della Fuci, l'organizzazione degli universitari cattolici. Cossiga confidò di essere molto legato a due episodi. "Anzitutto non posso scordare che, nel libro di Taviani, monsignor Montini mi onorò di una definizione non so quanto meritata: "Cossiga? Il giovane più intelligente e più colto della sua generazione". E poi un simpatico rimprovero che mi rivolse nel 1974, quando ero ministro della Funzione pubblica. Incontrandomi ai margini di una cerimonia si ricordò di quando, nel 1957, rifiutai la presidenza della Fuci, che la Santa Sede mi offrì attraverso un'ambasciata portatami da don Costa. Incontrandomi, Montini sorrise e disse: "Che piacere incontrarla, signor ministro. Ci ricordiamo quando lei non poté accettare la presidenza della Fuci perché aveva deciso di puntare tutto sulla libera docenza. Se non ricordiamo male, poi, un anno dopo si candidò come deputato".

Un "buffetto" niente male". Così Cossiga lo ricordava, tra l'imbarazzato e il divertito, ancora trent'anni dopo. Tralasciando la consuetudine con i vertici della Chiesa, occorre ricordare che l'ex presidente raccontava di essere uno che aveva bisogno di confessarsi spesso: "È il mio modo sacramentale per incontrarmi con Cristo. Parto dal presupposto di essere in peccato, non faccio mai la comunione se prima non mi confesso. Uso il libro di preghiere della tradizione, curato da Ratzinger e pubblicato, come editore, da Giulio Andreotti. Ne ho comprato 300 e li ho poi regalati. Ho anche la pubblicazione delle preghiere di Newman, che ho curato io. E poi un libro protestante".

L'ex presidente Cossiga si impegnò molto per promuovere la causa di beatificazione di Antonio Rosmini. Aveva una passione lunga una vita per questo sacerdote-filosofo nato a Rovereto nel 1797, divenuto uno dei più grandi amici di Alessandro Manzoni, dal quale venne anche assistito nel letto di morte. Cossiga era affascinato dal suo coraggio ("fu sempre anti-austriaco") e dalle sue tesi filosofiche, che contrastavano sia l'illuminismo che il sensismo. Rosmini sottolineava l'inalienabilità dei diritti naturali della persona, tra i quali quello della proprietà privata, ed entrò in forte polemica con il socialismo e il comunismo, teorizzando uno Stato il cui intervento fosse ridotto ai minimi termini. Un liberale della Chiesa, come del resto amava definirsi lo stesso Cossiga. "Di lui parlai a Giovanni Paolo II, che mi interrogava sull'assurdità delle posizioni della Chiesa nel XIX secolo, a proposito della contrarietà all'unità nazionale. Gli dissi: – Santità, il giorno nel quale Rosmini verrà fatto beato sarà una cosa molto più importante della conciliazione tra la Santa Sede e Stato italiano. Perché sarà il simbolo della conciliazione tra la Nazione italiana e la Chiesa italiana. "Perché Rosmini aveva in mente un'Italia che fosse insieme Stato e che la Chiesa non fosse libera in esso, ma libera con esso".

Nel novembre del 2007 Benedetto XVI proclamò Antonio Rosmini beato. E l'ex presidente Cossiga, che aveva fatto parte del comitato promotore della causa, poté dirsi finalmente felice.

Capitolo 17
Segreti e Scheletri

Alcuni, tra i venticinque lettori di questo libro, sosterranno che si è trattato di un'agiografia di un personaggio invece controverso, scomparso dopo mezzo secolo di protagonismo, portando con sé una miriade di segreti e un dubbio mai risolto sui tanti scheletri che era accusato di custodire nell'armadio.

E allora, dopo un capitolo dedicato alla religiosità e alla ricerca del trascendente, per riportare il personaggio alla dimensione pubblica che più gli piaceva (e più, contemporaneamente, lo tormentava) è giusto dar conto di quello che di lui dicevano – e hanno detto, dopo la sua morte – quelli che lo hanno ritenuto responsabile di nefandezze e insopportabili compromissioni con poteri paralleli e deviati.

Nelle prime 150 pagine è emersa con nettezza quale fosse la convinzione di Francesco Cossiga: occorreva prendere decisioni, anche sgradevoli e impopolari, nell'esclusivo interesse dello Stato democratico e delle regole di convivenza civile.

Una visione opposta a quella di chi lo contrastava, non solo sul piano politico ma anche su quello della ricostruzione storica. È il caso di Giuseppe De Lutiis, uno degli studiosi che più ha attaccato l'ex presidente. A imporgli quelle posizioni così severe era forse anche il ruolo di consulente di Giovanni Pellegrino, il senatore dei Ds che a lungo guidò la commissione Stragi. Nel suo "La storia dei servizi segreti in Italia", Cossiga viene citato più volte e a lui viene attribuita molta parte delle zone d'ombra che hanno contraddistinto alcuni dei più delicati momenti della storia repubblicana.

Tra i due si rischiò lo scontro frontale, evitato solo per una serie di circostanze fortunate. Il 6 novembre 1997, infatti, il senatore a vita si presentò davanti alla commissione Stragi, che aveva in calendario la sua audizione sui misteri d'Italia, con sottobraccio il libro di De Lutiis, deciso a confutarne le tesi. Ma, prima di entrare in aula, com'era nel suo stile, si rivolse al nemico di giornata con tono affabile. "Qua solo io e lei conosciamo le cose, questi non sanno un cazzo". A infastidire Cossiga erano gli assunti contenuti nel libro:

si sosteneva che l'ex presidente della Repubblica conoscesse scena e retroscena del caso Moro. Che non potesse ignorare certi incontri avvenuti a Parigi, che sul tema tirano in ballo Cia e Kgb. E si condannava il fatto che si ostinasse a dichiarare che tutto era stato ideato e orchestrato dalle Brigate Rosse.

All'ex presidente dava fastidio anche, e soprattutto, che De Lutiis avesse scritto una storia dei servizi segreti che metteva l'accento sulle cosiddette "deviazioni". La riteneva una ricostruzione dannosa, perché si lasciava intendere che questa organizzazione parallela tramasse contro lo Stato. La considerava non tanto una cosa ingenerosa nei suoi confronti quanto di quelli dei servizi segreti, che ne uscivano con un'immagine fortemente negativa.

De Lutiis ci mise certamente del suo: "La parola "riservato" non è adatta a definire Cossiga – disse lo studioso – meglio dire "ammiccante". Da lui non è mai arrivato un solo spunto che facesse fare progressi alle indagini. La sua versione sul caso Moro ha già perso terreno e ancora ne perderà nei prossimi decenni". Ma, in concreto, cosa veniva contestato all'ex presidente? "Impossibile dimenticare che nel 1969, quando si stava tardivamente svolgendo l'inchiesta sul caso Sifar, l'allora sottosegretario alla Difesa secretò tutti i documenti militari coperti da segreto, impedendo alla commissione di fare le opportune valutazioni sul coinvolgimento di Antonio Segni e del generale Giovanni De Lorenzo. Anche in questo caso a Cossiga si può rimproverare scarsa trasparenza".

Il 6 novembre, il giorno della famosa audizione davanti alla commissione Stragi, il senatore a vita si presentò a San Macuto con un sorriso beffardo sulle labbra: "Non posso assicurare rivelazioni – disse ai cronisti che lo aspettavano davanti al portone d'ingresso ma solo tanto divertimento". Andava alla guerra, e non era la prima volta: in un'agenda si era segnato le 31 convocazioni arrivategli dal 1980 in poi. Per parlare di Moro, Gladio, Ustica, stragi, piani antiterrorismo, servizi segreti. "Vorrei sapere a quanti altri ministri della Repubblica è stato chiesto di fare altrettanto", esordirà. Nelle otto interminabili ore della sua audizione si troverà ad avvolgere il suo uditorio in una fitta rete di dettagli, citazioni, sussulti di orgoglio, battute, persino parolacce. Sembrava quasi che si volesse ribellare a quello che un commissario definì, con felice intuizione, "il passato che non passa".

Parlò di tutto, Francesco Cossiga. Ancora una volta. Ma con una premessa: "Voi non siete giudici e io non mi sento né teste, né indagato". Chiarì di aver letto la pre-relazione del presidente Giovanni Pellegrino e di non condividerla. Soprattutto per quella che definì "la retorica del complotto". Ovvero l'ipotesi, avanzata da qualche magistrato e condivisa in parte anche da Pellegrino, che ci sia stato un legame organico tra lo stragismo degli anni '60 e '70 e alcuni settori della Dc. "Stiamo farneticando, ma per carità – gridò ai commissari – tranne che non si voglia processare tutta la classe politica che va da Saragat a La Malfa. Io me ne frego di quello che sostengono dei giovani magistrati". A Pellegrino arrivò a dare del mascalzone. "Ma in senso politico", precisò subito con ironia.

Quell'audizione sarebbe da prendere a modello per raccontare il personaggio Cossiga in ogni sua sfaccettatura. Il racconto alternò surrealità a momenti di alta drammaticità. Quando il presidente della commissione insinuò che, dietro la mollezza mostrata nei confronti delle Brigate rosse da parte dello Stato, ci fosse una "convenienza politica", Cossiga esplose: "Qui si fa politica – gridò, alzando nuovamente la voce – lei, senatore Pellegrino, non se ne accorge, ma è travolto dal fare politica. Io ho sperato che una volta che avessero vinto i vinti delle elezioni del 1948 queste cose non sarebbero accadute. Mi accorgo che invece i vincitori del 1996 non sono molto diversi dai perdenti del 1948". Fu un crescendo wagneriano, che culminò in una sorta di invettiva: "Sono con Moro – urlò l'ex presidente della Repubblica – non ci processerete né nelle strade né nelle commissioni parlamentari. Non ci processerete, non ci processerete".

Moro, in effetti, gridò le stesse parole alla Camera, nei giorni roventi dello scandalo Lockheed. Era la Dc che si ergeva a Stato, e quel discorso fu una svolta. Cossiga, nel 1997, si trovava a difendere l'onore dei suoi antichi compagni di strada, anche a costo di fare ammissioni forti.

Come l'autocritica sulla demonizzazione dei comunisti, durata 40 anni, e resa nota sempre durante l'audizione in commissione Stragi: "Io ho sempre detto e saputo che la nostra è stata una democrazia limitata. Noi abbiamo pesantemente discriminato i comunisti. Talvolta li abbiamo perseguitati, licenziati, controllati. Probabilmente loro, se avessero vinto, avrebbero fatto la stessa cosa con noi. Questa è la tragedia del nostro Paese".

Ma il suo fantasma più ingombrante rimaneva Aldo Moro, che dal buio della prigione lo aveva costretto a scegliere tra senso dello Stato e senso del partito: "Se non avessero ucciso Moro, le Brigate Rosse avrebbero vinto: quel 9 maggio il Consiglio nazionale della Dc doveva dare il via a una trattativa. Perché dentro la Dc c'era una voglia spasmodica di trattativa. Io avevo in tasca la lettera di dimissioni, che avevo scritto il giorno del rapimento. E la presentai. Perché il ministro degli Interni della fermezza non poteva restare al suo posto. Mi sono dimesso perché non saltasse la linea del compromesso storico e della solidarietà nazionale. Se fossi rimasto in quel posto, una parte della Dc l'avrebbe preso a pretesto per far fallire la politica della solidarietà nazionale. Bisognava dare un senso al Paese che chi è responsabile politicamente, paga".

Una rivendicazione orgogliosa e, subito dopo, un'ammissione che dovette costargli molto: "Pochi sanno quanto Andreotti abbia sofferto per Moro. Scrissi io il brano del suo discorso, nel quale si diceva che le lettere di Moro non erano moralmente autentiche. Invece mi sono poi convinto che lo fossero. Moro era mitissimo e insieme durissimo, aveva un grande senso della propria dignità personale".

I commissari volevano sapere qualcosa anche del piano Paters, il progetto antiterrorismo saltato fuori proprio a metà degli anni '90. Ma di questo il senatore disse di non poter parlare: "È stato secretato, e io rispetto il segreto istruttorio". Vorrebbe farlo, ma proprio non può: "Ma quando sarà possibile parlarne, vedremo lo straordinario genio di Moro. Perché di questo piano c'è traccia, indirettamente, nel memoriale di via Montenevoso". E ancora: "Mi dite che, secondo alcuni di voi, il generale dei carabinieri Carlo Alberto Dalla Chiesa aveva degli uomini infiltrati nelle Brigate Rosse? Se questo fosse vero, e io non l'ho mai saputo, e non li avesse utilizzati nei 55 giorni del sequestro Moro per cercare di salvare la vita all'ostaggio, bene, dovremmo rivedere il giudizio storico su di lui, ritirare a distanza di anni dalla sua uccisione tutte le medaglie e le onorificenze, cancellare vie e piazze a lui dedicate, e fare anche molto di più".

Quell'audizione non riservò solo momenti drammatici ma anche spunti di comicità pura: davanti alla commissione, sospettando che l'incontro potesse protrarsi a lungo, Cossiga si presentò con un thermos di caffè, un pacco di biscotti e della cioccolata che, nel corso del confronto, offrì ai parlamentari. Ma il siparietto più divertente si svolse in una pausa dei lavori. Il "padrone di casa" Pellegrino, lo invitò ad accettare il caffè della commissione. Immediata la replica, pungente e allusiva: "Ma lei lo sa che una tazzina offerta da una commissione d'inchiesta porta male? ", esclamò Cossiga. "Insisto", sorrise Pellegrino. A quel punto l'ospite accettò, "ma a una condizione". L'ex presidente della Repubblica porse il caffè a una funzionaria: "Lo assaggi lei". La signora si prestò. "Vedo che non le è accaduto nulla", commentò, sorridente, il senatore a vita: "Posso bere tranquillo, il caffè non è avvelenato".

Teorie sul Cossiga cospiratore ne sono fiorite tante: "Già nei primi anni '60 si legava a un gruppo eterogeneo, composto da politici, militari, costituzionalisti, avventurieri che voleva instaurare una Repubblica presidenziale. Lo stesso tema che Cossiga, da presidente della Repubblica, riproporrà con scalpore, seguito da Bettino Craxi, che diverrà suo alleato in questa battaglia – è la tesi comparsa sul sito internet di un gruppo anarchico, all'indomani della scomparsa dell'ex presidente . Il generale De Lorenzo, nei giorni del luglio 1964 in cui pianificava il golpe, si recava spesso al Quirinale, oppure comunicava con il Presidente Segni per mezzo di Cossiga. "Un gruppo di potere che agisce all'ombra di uno stuolo di protettori politici", annotava nel suo diario il generale Manes, inviso a De Lorenzo, incaricato di fare luce sulle deviazioni dei servizi segreti. Tra questi "protettori", secondo Manes, c'era Francesco Cossiga, che alla commissione d'inchiesta sul "piano Solo" garantì sulla "affidabilità democratica" di quel gruppo di ufficiali infedeli; e che negli anni successivi sponsorizzerà ampiamente le loro carriere. Nel 1966 Cossiga diventò sottosegretario alla Difesa nel governo guidato da Moro. Iniziò così a destreggiarsi fra i sottoscala del potere in cui si fa la storia dell'Italia, parallela e segreta. Svolgeva volentieri una serie di lavoretti "di coraggio", come quello di apporre gli omissis ai risultati della commissione d'inchiesta sul "piano Solo", in modo da coprire le responsabilità di De Lorenzo, e partecipava alla formazione di atti amministrativi concernenti Gladio, come lui stesso ha in seguito ammesso. Dunque Cossiga era legato anche agli uomini del "partito del golpe": Giuseppe Santovito (che Cossiga nominerà a capo del Sismi nel 1978), Edgardo Sogno (capo dei "resistenti democratici", che diventerà nel 1991 uno dei consiglieri più accreditati al Quirinale), Licio Gelli (clamorosamente riabilitato assieme a tutti i membri della loggia P2, sempre dallo stesso Cossiga), il colonnello Giuseppe D'Ambrosio (che diventerà consigliere militare del presidente Cossiga, che tenterà di farlo nominare capo del Sismi, nel 1991), il colonnello D'Ambrosio (secondo i documenti in mano alla commissione P2, era stato coinvolto in un progetto di colpo di Stato). Costoro, nel 1992, si entusiasmeranno alle "picconate" di Cossiga e lo inviteranno a mettersi alla testa di un fantomatico "fronte degli Italiani onesti". Questi erano i compagni di Cossiga in quegli anni. Capo dei servizi segreti è il generale Vito Miceli, anch'egli facente parte della strategia della tensione e grande amico di Cossiga. Quando Miceli, il 30 novembre 1990, morirà, Cossiga renderà omaggio alla sua salma ufficialmente, ignorando la manifestazione dei parenti delle vittime delle stragi che contemporaneamente si svolgeva davanti a Montecitorio".

Erano anni in cui, come scrive lo storico Giuseppe De Lutiis nel suo "Storia dei servizi segreti", cambiava anche la strategia dei poteri occulti: "Fino ad allora, la ricetta che i servizi segreti avevano seguito per curare i mali d'Italia, aveva previsto un potenziamento dell'estrema destra, con il concomitante sviluppo di atti terroristici e di rivolte, come quella di Reggio Calabria, gestite dalle strutture parallele".

Un caso a parte è quello di Antonella Beccaria, che nel suo Piccone di Stato non risparmia nulla all'ex presidente. Nei giorni caratterizzati da "coccodrilli", tributi e ricordi commossi, in libreria arrivò il suo punto di vista impietoso e "colpevolista" nei confronti dell'intero sistema che ha retto l'Italia per quasi un cinquantennio.

I titoli delle tre parti in cui è suddivisa l'opera sono emblematici: "Gli arcani della Repubblica", "La guerra che s'ha da fare, si fa" e "Il generale Enigma e il suo esercito". Si segue la carriera politica di Cossiga dal rapimento Moro sino alle ultime dichiarazioni su Ustica, con rapide incursioni nel passato dell'ex presidente.

Attraverso questa suddivisione l'autrice ha provato a rendere didascalici i diversi volti di Cossiga. In primo luogo il "picconatore", che viene presentato come l'uomo dei misteri, della penetrazione della loggia P2 negli apparati dello Stato, l'uomo della tutela istituzionale delle lobby militari, l'uomo dell'ordine pubblico:

"La ragione politica è, per Cossiga, la ragione tout court: in suo nome, e per la sua realizzazione, ogni decisione è legittima. Il fine che giustifica i mezzi, direbbe il machiavelliano di turno: ignorando che per Machiavelli il fine politico che giustifica i mezzi (poco importa se questa affermazione letterale nei testi del Segretario fiorentino non si trova) è il bene comune, mentre per Cossiga è lo Stato. Un'entità in cui ha ricoperto tutte le più alte cariche: ministro degli Interni, presidente del Consiglio, presidente del Senato, presidente della Repubblica. In nome della ragion di Stato, dunque, sarebbero state legittime e legittimate le infiltrazioni delle forze dell'ordine all'interno dei movimenti, l'uso delle armi da fuoco contro i manifestanti, il sacrificio di Aldo Moro, la copertura dei mandanti e degli esecutori delle stragi del 2 agosto e di Ustica, accordi segreti con potenze e forze interne e straniere: una lunga carriera politica all'ombra di questa ragion di Stato, perseguita con coerenza e cinismo, che il libro di Antonella Beccaria ci aiuta a ripercorrere", è stato scritto nella recensione apparsa su un giornale di partito, evidentemente ben felice di ricordare gli antichi dissidi con l'ex presidente ormai defunto. "Ma – e questo è il secondo e principale merito di Piccone di Stato – il film di una vita da democristiano è ottenuto col montaggio non tanto dei documenti, ma delle parole dello stesso Cossiga. Un fiume di parole, pazientemente ordinato da intervista a intervista, da dichiarazione ufficiale a dichiarazione informale. Tutti quanti abbiamo, in trent'anni, ascoltato Cossiga dire questo o quello, parlare o sparlare, affermare, smentire, accennare, ammiccare, affermare l'indicibile tra le righe o negare l'evidente. E tutti, più o meno, abbiamo cercato di interpretare, comprendere, decrittare questo o quell'enunciato. Quello che accade leggendo questo libro è però qualcosa di diverso: la lettura continua, quasi senza soluzione di continuità, delle parole di Cossiga, in un montaggio che avrebbe potuto intitolarsi Cossiga secondo Cossiga. È in questo continuum che si mostra il valore degli enunciati del presidente emerito: una nebbia costruita con sapienza, non negli anni della senescenza, come qualcuno ha potuto credere, non col progredire delle malattie, ma sin dall'arrivo di Cossiga nelle stanze del potere. Un uso della menzogna che ha per scopo non la negazione, ma il nascondimento della verità: il progressivo mascheramento tra vero e falso, tra ipotesi e verità documentata".

In tanti ci leggono un Cossiga dai molti volti: che finge di demistificare il potere mentre lo legittima, di denunciarlo laddove lo reitera, il picconatore delle istituzioni che in realtà ha consentito a quello Stato di sopravvivere agli scossoni della crisi degli anni '80 per qualcuno sarebbe lo stesso che ha attratto l'interesse dell'opinione pubblica, della stampa, dei cittadini, ogni volta che, aprendo bocca, dava l'impressione di essere sul punto di rivelare i segreti nascosti fin dalla fondazione della Repubblica.

Cossiga sapeva soprattutto dividere. E questa era la sua più grande soddisfazione.

Capitolo 18

Turchi di Sardegna

A febbraio del 2012, il Consiglio comunale di Sassari ha deciso, dopo ampio dibattito e con voto non certo unanime, di rifiutare la proposta di intitolare alla memoria del defun to Francesco Cossiga l'aula nella quale si tengono le sedute dell'assemblea civica.

È solo l'ultimo esempio del difficile rapporto che ha legato lo statista sardo alla sua città d'origine, che lui dichiarava di amare visceralmente. Un amore che magari non dimostrava in maniera canonica, con smancerie e segni tangibili. Ma chi lo ha conosciuto bene assicura che si trattava di un sentimento fortissimo, incrollabile.

Una cosa, forse, i suoi concittadini non gli hanno perdonato: la mancata visita ufficiale durante la permanenza al Quirinale. Uno sgarbo vissuto da qualcuno come atteggiamento di snobismo, sufficienza e indifferenza nei confronti del suo nido d'infanzia. Cossiga, a distanza, rispondeva così: "Non sarei mai potuto venire a Sassari scortato dai corazzieri. Nella mia mente ci sarebbe stato sempre il tarlo del sospetto che un sassarese, vedendomi passare, potesse dire "ma chi si crede di essere?". Non potevo certo correre il rischio di farmi dire che mi ero montato la testa". Il 15 dicembre 2005 era felicissimo quando, nell'aula magna dell'Università di Sassari (dove aveva prima studiato e poi insegnato), il rettore Alessandro Maida gli aveva consegnato la laurea "honoris causa" in Scienze della Comunicazione. Quella giornata (e anche quella successiva, in cui incontrò per quasi due ore gli studenti del master in Giornalismo di Scienze Politiche) fu memorabile e piena di riconoscimenti. Durante la "lectio doctoralis", sul tema La comunicazione e le virtù cardinali: prudenza, giustizia, fortezza e temperanza, Cossiga spiegò che l'etica doveva essere la guida del comunicatore di professione, ammettendo di aver sognato, in gioventù, un futuro da giornalista: "E invece mi   è toccato fare il presidente del Senato e quello della Repubblica". Non senza una punta d'orgoglio si trovò a ricordare che quella cerimonia era stata organizzata nello stesso luogo in cui, 57 anni prima, appena ventenne, aveva conseguito la sua laurea in Giurisprudenza.

Il giorno successivo, nell'incontro con gli studenti, pretese di essere chiamato professore: "Magari qualcuno dei vostri genitori sarà stato mio allievo, nei pochi anni in cui ho avuto l'onore di insegnare in quest'università, prima di prendere la strada della politica".

Quegli studenti si rivelarono emozionati, ma combattivi, riuscendo persino a suscitare un piccolo scatto d'ira nell'ex presidente, infastidito dal fatto che anche loro, ancor prima di diventare giornalisti patentati, si fossero messi in testa di interrogarlo sul caso Moro e sulla P2. Avrebbe voluto parlare della "truffa federalista" e della grande noia provata ai tempi della presidenza della Repubblica, ma quelli gli fecero cambiare subito discorso, strappandogli anche qualche risata. "A chi regalerebbe la "leppa aperta", come ha fatto Mesina con sua figlia?", gli chiese uno. "Se la porgi dalla parte del manico significa che metti la tua vita nelle mani di una persona – rispose l'ex presidente – la persona a cui porgerei così la "resolza" è senz'altro Beppe Pisanu. A chi punterei la lama? Sono stato ministro degli Interni, ma la spia non la faccio". Una studentessa chiese al presidente cosa pensasse dell'ingresso in politica di personaggi che "politici non sono, come Rita Borsellino, Renato Soru e Silvio Berlusconi".

Cossiga, nella risposta, partì da Berlusconi: "Lo conobbi quando era un giovane imprenditore, era magro, con i capelli e senza i tacchi. Io lo chiamavo leader di plastica. Ma Massimo D'Alema mi fece notare che si trattava di un giudizio avventato, visto che dal niente aveva creato un partito che era stato al potere ed era sopravvissuto a cinque anni di opposizione, rivincendo poi le elezioni. A Renato Soru avevo sconsigliato di entrare in politica, incoraggiandolo a continuare a fare soldi. Io ero molto amico del fratello di Rita Borsellino. Finché rimaniamo alla sorella va bene. Ma non vorrei che si arrivasse alla candidatura dei cugini del martire, del fratello del cognato del martire, e via dicendo". Il botta e risposta tra gli studenti e Cossiga toccò anche temi che allora erano di grande attualità, come quello delle intercettazioni telefoniche. "Il giornalista ha il dovere di pubblicare quello che gli capita in mano – ha detto il senatore a vita. "Se qualcuno deve essere punito è chi ha diffuso il materiale riservato. Hanno intercettato anche me. Ma hanno ritenuto che la mia chiacchierata con Massimo D'Alema sulla scalata alla Bnl fosse una conversazione personale".

Dei rapporti tra Cossiga e la sua città d'origine, in quei giorni, parlò anche il leader referendario Mario Segni, intervistato da "La Nuova Sardegna": "Sassari è stata sempre orgogliosa di Cossiga, ma anche di Enrico Berlinguer e di mio padre – disse – sarebbe ingeneroso dire che, una volta a Roma, Cossiga si è dimenticato di Sassari o della Sardegna. Ha sempre seguito molto da vicino e con passione le vicende della sua città. La caratteristica degli uomini politici sassaresi che hanno avuto incarichi nazionali è stata quella di tenersi defilati rispetto agli avvenimenti locali, ma è stata un po' la loro fortuna. Cossiga non è mai stato un ras, non ha mai esercitato il suo potere per influenzare le scelte della politica cittadina o regionale. In questo senso era decisamente più potente il senatore Giagu. Come mi fa sorridere il clamore che a volte hanno provocato le sue esternazioni: la caratteristica del comunicatore è nel suo carattere, non è stata certo una forzatura, né un fatto recente".

Quello di Sassari è stato l'ambiente naturale che ha forgiato il carattere e la formazione di Francesco Antonio Maurizio Cossiga, nato il 26 luglio 1928 da Giuseppe Cossiga e Mariuccia Zanfarino.

La sua fanciullezza si svolse tra la scuola, la parrocchia di San Giuseppe retta da don Masia, la casa dei nonni a Siligo. Esperienze di vita tra loro diverse, che ebbero ognuna una parte determinante nell'assemblaggio di un personaggio così complesso. All'età di 16 anni la prima adesione alla Dc, che iniziava a raccogliere il testimone del Partito popolare, inviso ai fascisti, prima, e ai repubblichini, poi. Era il 1944 e la guerra civile non era ancora finita: "Nessuno mi chiese di farlo – ricordò, in età matura – quella Dc era quasi separatista. Decisi in assoluta autonomia. Il primo politico democristiano che ho conosciuto è stato Antonio Segni, che era un amico di famiglia. Il primo leader nazionale che venne in Sardegna a fare comizi nel 1946 è stato Mario Scelba. In quello stesso anno strinsi la mano a De Gasperi, arrivato a Sassari nella campagna elettorale per il referendum. La Dc sarda scelse la Repubblica e io non mi tiravo indietro se c'era da fare qualche comizio. La mia prima uscita pubblica fu a Ozieri e parlai a braccio: facevo dei comizi quasi violenti contro i comunisti, in favore della Repubblica e contro il sovietismo che in realtà si fingeva repubblicano ma era peggio che monarchico. Era tiranno".

A questo punto occorre ricordare un periodo che l'ex presidente ha sempre rivendicato come centrale per la sua formazione: la militanza nella formazione di giovani democristiani anticomunisti armati. "Il comandante di tutti noi, nel Sassarese, era Antonio Segni, che mi diede personalmente i denari per acquistare armi. Non so se fossero soldi suoi o della Dc. Nel secondo caso sarebbero stati, certamente, di provenienza americana – raccontò – acquistai diversi fucili, insieme a Celestino, il figlio di Segni, in una sorta di mercato libero, visto che la precipitosa ritirata delle truppe tedesche aveva lasciato incustoditi degli arsenali di tutto rilievo. Un mitra Sten costava 5 mila lire, mentre le bombe a mano ci vennero fornite dai carabinieri. Questa struttura della Dc non c'entrava nulla con Gladio o, meglio, Stay Behind, dove invece prevalevano le componenti laiche   e azioniste. Ci sarebbe toccato difendere le sedi della Dc se i comunisti sconfitti alle elezioni del 18 aprile 1948 si fossero ribellati al risultato. E, in caso di vittoria comunista, un'eventuale trasformazione in dittatura ci avrebbe portato a difenderci. A quel tempo Antonio Segni era ministro dell'Agricoltura e io quelle bombe a mano, se fosse stato necessario, le avrei tirate davvero".

Quel bisogno non ci fu e il giovane Francesco Cossiga poté dedicarsi alla sua carriera nella Fuci e ai suoi studi postuniversitari, facendo quella che era un'apparente, normale vita di partito. Affascinato prima da Ezio Franceschini e poi da don Giuseppe Dossetti, Giuseppe Lazzati e da Giorgio La Pira. Era un dossettiano, Cossiga, della sinistra di base. Una stranezza, se si pensa che nella seconda metà degli anni '90 il più grande nemico politico dell'ex presidente fu Romano Prodi, il dossettiano per eccellenza.

La vera svolta nella carriera politica di Francesco Cossiga si consumò alla metà del marzo 1956 nella notte che passò alla storia come quella dei "Giovani turchi". Quella definizione venne coniata dalla giornalista Egle Monti, spedita a Sassari per raccontare la storia di un nugolo di giovani politici democristiani – capitanati da tal Cossiga Francesco – che erano stati capaci di sconfiggere i notabili del partito nelle elezioni per il direttivo provinciale del partito-Stato. Il gruppo era composto e abbastanza numeroso, ma i leader naturali, assieme al futuro presidente della Repubblica, erano soprattutto Nino Giagu De Martini, Paolo Dettori e Pietro Soddu. E con loro muoveva i primi passi anche un altro enfant prodige, che rispondeva al nome di Giuseppe Pisanu.

In quel tempo – i lettori perdonino l'incipit evangelico – a capo della Dc sassarese c'era il notabile Nino Campus, soprannominato "il cugino", per la sua parentela con Antonio Segni.

I giovani rivoltosi sfruttarono l'eccessiva sicumera del gruppo dirigente uscente (che arrivò a presentare due liste, una destinata ad assicurarsi la maggioranza, l'altra che avrebbe dovuto rastrellare anche i posti destinati alla minoranza) e la decisione di Segni, che scelse di non schierarsi. Riuscendo soprattutto a conquistare i voti delle sezioni più sperdute della provincia di Sassari (che a quei tempi era la più estesa d'Italia, per chilometri quadrati) perfezionarono un miracolo politico che rivoluzionò la storia politica sarda. Divennero i "Giovani turchi", con riferimento al gruppo di ufficiali che, tra la fine dell'Ottocento e la Prima guerra mondiale, avevano imposto il rapido ammodernamento dell'impero ottomano.

A Sassari il mondo dei cattolici impegnati in politica si confrontava con le idee di modernizzazione dell'arcivescovo Arcangelo Mazzotti e del parroco di San Giuseppe don Giovanni Masia. Ricorderà anni dopo Pietro Soddu, più volte presidente della Regione e "giovane turco" di primo piano: "Le esigenze di rinnovamento erano molto diffuse, si avvertiva la crisi di una concezione del partito e della gestione della cosa pubblica basata solo sul prestigio personale e su una clientela tradizionale e familiare. Anche in Sardegna era nata l'esigenza di una concezione della politica come impegno più vasto e più profondo. Il partito veniva indicato come scuola e fucina della classe dirigente. Un partito soprattutto organizzato, democratico all'interno, pervaso di nuova moralità, che si sentiva investito del compito storico di cambiare la società".

Lo stesso Soddu, ricordando che il suo antico amico aveva presenziato a un comizio di Berlusconi in occasione delle Provinciali sassaresi del 2000, che lo videro sconfitto, ("i nostri rapporti personali sono andati via via affievolendosi"), aveva un buon concetto di Cossiga: "È stato ed è un grande uomo politico – sostenne, intervistato da "La Nuova Sardegna", in occasione della cerimonia per la laurea "ad honorem", – la Sardegna ha avuto grandi uomini politici, anche se la loro azione non è riuscita a determinare una svolta e problemi antichi sono rimasti irrisolti. Non so esattamente quali siano i sentimenti di Cossiga nei confronti della città e viceversa, io sono goceanino e quindi ancora non capisco certe logiche sassaresi. Questa città ha un codice genetico anti-autorità, non riconosce le gerarchie, ostenta indifferenza per il potere, figuriamoci per i potenti. E Cossiga potente lo è stato e in politica ha fatto anche delle cose feroci. Ora deve restare sulla scena, mi rendo conto che non è facile".

Tornando alla vicenda dei "Giovani turchi", secondo l'ex presidente della Repubblica, un sostegno molto utile alla causa era arrivato da Mariano Rumor, a lungo uno dei potenti Dc, più volte presidente del Consiglio: "Non so se per lui sia stato un merito o una colpa – aveva ironizzato il senatore a vita, ricordando quei tempi – ma la mia carriera politica è dovuta in gran parte a Rumor, nell'epoca in cui ricopriva la carica di vicesegretario del partito. Lo invitammo a Sassari, mentre eravamo in rotta di collisione con vecchi personaggi che gestivano il partito come fosse cosa loro, senza lasciar spazio a nessuno. Ci esortò a resistere. Resistemmo talmente bene che riuscimmo a vincere il congresso".

Francesco Cossiga venne eletto segretario provinciale della Dc ad appena 28 anni. Gli effetti furono immediati: Paolo Dettori, uno dei più attivi tra i "Giovani turchi", venne subito nominato assessore regionale al Lavoro e alla Pubblica Istruzione. Due anni dopo lo stesso Cossiga veniva eletto per la prima volta deputato della Repubblica.

L'alleanza tra quel gruppo di giovani che aveva saputo cambiare la politica regionale, partendo dai paesini del Sassarese e della Gallura, rimase salda fino al 1969. Cossiga e Giagu aderirono poi alla corrente "Sinistra di base", mentre Dettori e Soddu finirono tra le fila dei morotei. Qualche anno dopo anche il futuro presidente della Repubblica prese la medesima strada, diventando uno dei parlamentari Dc più vicini a Moro.

Non sono sempre state rose e fiori. Ricordate quando abbiamo parlato delle armi che Cossiga sosteneva di aver maneggiato, nel 1948, all'epoca delle elezioni politiche che dovevano decidere la supremazia tra Dc e Pci? Nel 1992, quando l'allora capo dello Stato era impegnato nella guerra con mezzo Parlamento e con parte della magistratura, da Nino Giagu De Martini arrivò una sonora smentita e una presa di distanza: "Ma quali armi – disse il primo – se ne parlò, forse, ma nessuno ne vide mai". Scese in campo anche Mario Segni, che assieme ai fratelli smentì, con un pizzico di veleno e molta indignazione. Il presidente si arrabbiò e definì "ingrata" la Dc di Sassari, trattò Segni e i suoi fratelli come ragazzini che non potevano sapere. E perché nessuno avesse dubbi, disse chiaro e tondo di aver "escluso con profondissimo rammarico la mia città natale di Sassari dal programma della visita in Sardegna proprio per non incontrare quei parlamentari nazionali e regionali e quei dirigenti di maggioranza della Dc provinciale che in nessuna occasione ebbero a esprimermi la loro solidarietà di fronte ai volgari attacchi, in primo luogo il senatore Nino Giagu". Il quale non ci stava proprio a farsi strapazzare e rispose a muso duro: "Il capo dello Stato – disse, fra l'altro – ha persino cercato di condizionare i risultati dell'ultimo congresso provinciale della Dc: per farlo contento avremmo dovuto eleggere nel comitato tutti i suoi segretari particolari".

I "turchi", crescendo, si erano trovati su fronti contrapposti. Ma questo non toglie nulla alla loro impresa di 56 anni fa.

Capitolo 19
Ustica

Alle 20 del 27 giugno 1980, Francesco Cossiga è nel suo studio di Palazzo Chigi e sta scorrendo l'agenda del Consiglio dei Ministri, convocato per il lunedì successivo.

In quegli stessi minuti sui cieli d'Italia accade qualcosa di tremendo e ancora misterioso. Alle 20 e 08 il volo IH870 dell'Itavia decolla, con due ore di ritardo, dall'aeroporto di Bologna, con destinazione Palermo.

Alle 21 il presidente del Consiglio si sposta verso la sua abitazione, dove lo aspettano a cena. Due minuti prima si è registrato l'ultimo contatto radio tra il velivolo e la torre di controllo di Roma. Alle 21 e 04 dalla cabina di pilotaggio del volo IH870 nessuno risponde alla sollecitazione dell'avvio delle procedure per iniziare la discesa verso Palermo.

L'aereo sembra scomparso e ogni tentativo di ristabilire i contatti è inutile. Alle 21 e 25 il comando del Soccorso aereo di Martina Franca assume la direzione delle operazioni di ricerca, allertando il 15° Stormo di Ciampino. Alle 21 e 55 il primo HH-3F inizia a perlustrare l'area dove potrebbe essere localizzato l'eventuale incidente. Alle 22 e 05, prima il ministro della Difesa Lelio Lagorio e poi quello dei Trasporti Rino Formica, si mettono in collegamento con il presidente Cossiga.

Alle prime luci dell'alba una chiazza oleosa viene identificata alcune decine di miglia a nord dell'isola di Ustica. Subito dopo è un velivolo dell'Aeronautica a individuare i primi relitti e alcuni dei cadaveri. È la conferma che l'aereo di linea dell'Itavia è precipitato in una zona del Tirreno dove la profondità supera i 3 mila metri.

In quei minuti prende forma l'ennesimo mistero d'Italia. In quel disastro si persero 81 vite umane, tra cui 13 bambini, ma il ritrovamento e il recupero dei corpi riguardò solo 38 persone. Sulle 7 salme su cui fu disposta l'autopsia furono riscontrati sia grandi traumi da caduta a livello scheletrico e viscerale, sia lesioni da decompressione. Questo significa che l'aereo si era "aperto" in volo.

Da cosa venne provocato quel disastro così immane? Nell'immediatezza le autorità si affrettarono a dichiarare che l'ipotesi più probabile era quella di un cedimento strutturale. La tragedia poteva essere catalogata nell'alveo dei normali incidenti aerei. Qualcuno, considerando il clima pesante che in quegli anni si registrava nel Paese, si spinse a ipotizzare lo scoppio di una bomba a bordo. Un nuovo episodio della strategia della tensione o un attacco del terrorismo internazionale. Ma è opportuno ricordare che, in quei giorni, a prevalere erano soprattutto il dolore, lo sgomento   e lo smarrimento. Lo Stato, Palazzo Chigi in testa, non aveva una spiegazione ufficiale e rimandava alle inchieste della magistratura e dell'Autorità per l'aviazione civile.

Tre settimane dopo la tragedia si verificò un fatto nuovo, che iniziò a far capire che i cieli del sud Italia in quegli anni erano molto più trafficati rispetto a quel che si sapeva. Il 18 luglio 1980 sui monti della Sila, in Calabria, vennero ritrovati i resti di un Mig, un aereo da combattimento di fabbricazione russa, in forza all'Aeronautica libica. La coincidenza temporale e geografica, rispetto alla tragedia del Dc9 dell'Itavia, parve ai più sospetta. Ma una commissione mista, formata da personale dell'Aeronautica italiana e da funzionari del governo di Gheddafi, stabilì che l'aereo era precipitato proprio quel giorno (tre settimane dopo la tragedia di Ustica) a seguito di un malore del pilota.

Una conclusione che, anni dopo, venne sconfessata dal giudice Rosario Priore, titolare dell'inchiesta sul disastro dell'aereo Itavia; nella sua relazione si faceva riferimento al certificato di morte compilato dal medico legale che si era occupato dell'autopsia sul corpo del pilota ritrovato tra i resti del Mig decollato dalla Libia. Una perizia che retrodatava la sua morte al 27 giugno, proprio in coincidenza con l'esplosione, in volo, dell'aereo Bologna-Palermo.

Nel corso degli anni, Francesco Cossiga, che per molti ha portato con sé, nella tomba, una miriade di segreti, rivelò di aver appreso la verità su quanto accaduto solo molto tempo dopo la tragedia. "Per anni sono rimasto intimamente convinto che si fosse trattato di un disastro aereo – dichiarò l'ormai ex presidente della Repubblica davanti alle autorità inquirenti – e anche all'epoca dei fatti, quando ricoprivo la funzione di presidente del Consiglio dei ministri, non avevo elementi contrari rispetto all'ipotesi del cedimento strutturale".

Ma era davvero così? Per capirlo bisogna tornare a quelle ore. E ricordare, ad esempio, che pochi giorni dopo la strage un giornale inglese ("L'Evening Standard") uscì con una notizia molto precisa, secondo la quale a colpire il Dc9 dell'Itavia fa un missile lanciato dalle portaerei francesi Foch e Clemenceau, che stavano facendo esercitazioni con un aereo-bersaglio. Era una spiegazione plausibile? Per qualcuno sì, visto che le due ore di ritardo del Bologna-Palermo non erano né previste, né segnalate. Quella dell'errore dei francesi poteva essere una spiegazione plausibile, ma il governo italiano (almeno a livello ufficiale) lasciò cadere l'ipotesi.

Il 30 novembre 1980 un gruppo di esperti Usa diffuse la notizia che ad abbattere l'aereo era stato molto probabilmente un missile. In Italia, invece, si era ormai sposata la teoria del cedimento strutturale. Tanto che il nuovo governo, guidato da Arnaldo Forlani, varò un decreto con il quale si revocava alla compagnia Itavia l'autorizzazione al volo.

La questione venne quasi dimenticata fino al 1986, quando a riaprirla fu proprio Cossiga, nel frattempo diventato presidente della Repubblica. In occasione del sesto anniversario dalla strage, i parenti delle vittime si rivolsero a lui per sollecitare un intervento nella direzione di una verità che portasse alla giustizia. Per tutta risposta il capo dello Stato scrisse all'allora presidente del Consiglio Bettino Craxi, sottolineando che l'Italia doveva lavorare per non perdere credibilità internazionale. E per fare questo occorreva superare tutte le difficoltà che avevano fino ad allora impedito di individuare i responsabili della tragedia.

A seguito di quella lettera vennero resi noti gli esiti di due perizie: una dei laboratori dell'Aeronautica militare e l'altra di una commissione tecnica, comprendente alcuni esperti del Cnr. Questi ultimi confermarono che ad abbattere il Dc9 Itavia era stato un missile. Per averne certezza, tuttavia, gli stessi tecnici del Cnr sollecitarono il recupero del relitto. Perché, nel febbraio del 2008, Francesco Cossiga decise di raccontare a SkyTg24 una verità molto diversa rispetto a quella che, nel 2002, aveva ripetuto alle autorità inquirenti? E, cioè, che non aveva mai saputo nulla a proposito di responsabilità esterne circa la strage di Ustica? Questo resterà un mistero.

Ecco cosa disse il senatore a vita in quell'intervista, che portò alla riapertura delle indagini: "Quand'ero presidente della Repubblica i nostri servizi segreti mi informarono che a provocare la strage di Ustica furono i francesi – rivelò – per quel che ne so io, il Sismi a quell'epoca informò della questione anche l'allora sottosegretario alla Presidenza del Consiglio dei ministri Giuliano Amato". Una circostanza che collocherebbe, dunque, la rivelazione tra il 1985 e il 1987. "Mi dissero che erano stati i francesi, con un aereo della Marina, a lanciare un missile non "a impatto", ma "a risonanza". Nel primo caso dell'aereo non sarebbe rimasto nulla".

Non era quella la prima volta che l'ex capo dello Stato tirava in ballo i francesi. Analoghe dichiarazioni, infatti, aveva rilasciato il mese precedente nel corso di un'intervista radiofonica, senza però parlare del Sismi e del generale Santovito, che quel servizio segreto guidò dal 1977 al 1981: "La tesi – disse sempre Cossiga a SkyTg24 – è che i francesi sapessero che in quel tratto sarebbe passato un aereo con a bordo Gheddafi. La verità è che il leader libico si salvò perché fu proprio il Sismi, con il generale Santovito, a informarlo appena decollato, spingendolo a tornare indietro. I francesi questo lo sapevano, videro un aereo dall'altra parte di quello italiano, che si nascose dietro per non farsi prendere dai radar".

L'ex presidente fece dichiarazioni analoghe in un'intervista contenuta nel film-inchiesta "Sopra e sotto il cielo", realizzato dai giornalisti Giampiero Marrazzo e Gianluca Cerasola, pubblicato dall'editore Tullio Pironti. Il 24 maggio 2010, meno di tre mesi prima della sua morte, le anticipazioni finirono sui giornali e in tv: "L'aereo francese si era messo sotto il Dc9, per non essere intercettato dal radar del velivolo libico che stava trasportando Gheddafi. Ad un certo punto lanciò un missile per sbaglio, volendo colpire l'aereo del presidente libico. Un errore, una tragedia". Riferendosi poi agli autori del film, li avvertì bonariamente: "Io vi sconsiglio vivamente di andare in Francia. Se continuate questa inchiesta potrebbe succedervi qualcosa: un'intossicazione alimentare, lo scoppio di uno pneumatico o uno scontro con un camion. In ogni caso, ci può essere un governo di destra, di centro-destra, di sinistra o di estrema sinistra, ma i francesi non lo diranno mai; magari finché qualcuno che sa o che è l'autore, in punto di morte non avrà paura del giudizio dell'Altissimo, a cui non potrà opporre egalité, fraternité e liberté".

Fu una rivelazione attendibile o, almeno, compatibile con quanto accadde veramente sui cieli di Ustica in quel tragico 27 giugno 1980? A distanza di 32 anni bisogna iniziare ad arrendersi al fatto che la verità forse non verrà mai conosciuta.

Ci si può dedicare, però, a mettere assieme piccoli pezzi di puzzle, che contribuiscono a tenere in piedi i dubbi e a regalare la certezza che nessuno fin qui ha avuto davvero interesse ad abbattere un muro di silenzi e complicità che sconfiggono speranze e attese dei parenti delle 81 vittime.

Una delle tessere del mosaico è senz'altro rappresentata dai dialoghi registrati, nei minuti in cui avveniva la strage, in varie postazioni di controllo sparse per il centro e il sud Italia. Alle 20 e 58 di quella sera, infatti, due operatori radar di Marsala parlavano tra loro: "Sta a vedere che quello mette la freccia e sorpassa", riferito evidentemente a due aerei che sembravano zig-zagare sui tracciati. E subito dopo: "Quello ha fatto il salto del canguro". Sei minuti dopo, alle 22 e 04, altri operatori radar, questa volta a Grosseto, non si resero conto di aver lasciato aperto il contatto radio con Ciampino e di essere, quindi, registrati: "Qui, poi, il governo, quando sono americani. Tu, poi, che cascasse. È esploso in volo". Alle 22 e 05, al centro radar di Ciampino, si parlava dell'omologo di Siracusa: "Stavano razzolando degli aerei americani, io stavo pure ipotizzando una collisione in volo. Sì, o un'esplosione in volo". Un altro ancora rivelò di voler chiamare l'ambasciata americana: "Senti, guarda, una delle cose più probabili è la collisione in volo con uno dei loro aerei che erano là".

Questo è un libro scritto con un approccio strettamente connesso alla cronaca di fatti incontrovertibili e accertati. Ma se si volesse solo per un attimo discostarsi da questa regola e dar conto di altre ricostruzioni che sconfinano nel complottismo, c'è da riconoscere che almeno una dozzina di morti, negli anni immediatamente successivi alla tragedia di Ustica, può essere interpretata come sospetta.

Anche se lo stesso giudice Rosario Priore, in una delle sue ricostruzioni, ha troncato sul nascere ogni possibile appiglio: "La maggior parte dei decessi che molti hanno definito sospetti, di sospetto non hanno alcunché – ha scritto il magistrato – nei casi che restano si dovrà approfondire, giacché appare sufficientemente certo che coloro che sono morti erano a conoscenza di qualcosa che non è mai stato ufficialmente rivelato e da questo peso sono rimasti schiacciati".

Il riferimento, come già accennato, è a un elenco di 12 decessi. Ad aprire la lista è quello del maresciallo dell'Aeronautica Mario Alberto Dettori, originario di Bono. È stato ritrovato impiccato il 31 marzo 1987 nelle campagne di Grosseto in un modo definito dalla Polizia scientifica come "innaturale". Mesi prima, preoccupato, aveva rovistato tutta la casa a caccia di microspie. La sera di Ustica era in servizio. Una volta rientrato a casa alla moglie disse: "Sono molto scosso, qui è successo un casino, qui vanno tutti in galera". Parlando con un altro familiare disse: "Quella sera sembrava fossimo a un passo dalla guerra".

Un altro morto impiccato, il 21 dicembre 1995, è il maresciallo Franco Parisi. Era di turno nella sala di controllo la mattina del 18 luglio 1980, data del ritrovamento del Mig libico sulla Sila. Nel corso della sua testimonianza emersero una serie di contraddizioni. Citato a ricomparire in Tribunale, trovò una strana morte pochi giorni dopo aver ricevuto la convocazione. L'inchiesta successiva non ha mai chiarito, oltre ogni ragionevole dubbio, se si sia trattato di suicidio o omicidio.

Il colonnello Pierangelo Tedoldi, in predicato di assumere il comando dell'aeroporto di Grosseto, morì invece il 3 agosto 1980 in un incidente stradale, mentre il capitano Maurizio Gari venne stroncato da un infarto il 9 maggio 1981. Era capo controllore della sala operativa della Difesa aerea presso il 21° Centro radar dell'Aeronautica militare di Poggio Ballone ed era in servizio la sera della strage. Dalle registrazioni telefoniche si evince un particolare interessamento del capitano per   la questione del Dc9 e la sua testimonianza sarebbe stata certo "di grande utilità all'inchiesta", scrive Priore, visto il ruolo ricoperto dalla sala sotto il suo comando, nella quale era in servizio il maresciallo Dettori. La morte apparve naturale, nonostante la giovane età.

Un altro incidente stradale, il 23 gennaio 1983, si portò via il sindaco di Grosseto Giovanni Battista Finetti. In città si disse che avesse informazioni su fatti avvenuti, la sera dell'incidente del Dc9, all'aeroporto di Grosseto. Vittima della strada anche il maresciallo Ugo Zammarelli, morto il 12 agosto 1988. Era stato in servizio nel Sios di Cagliari e qualcuno sosteneva che fosse a conoscenza di notizie riguardanti la strage di Ustica.

Un capitolo a parte meritano i colonnelli Mario Naldini e Ivo Nutarelli, che facevano parte della pattuglia acrobatica delle Frecce tricolori. Persero la vita nell'incidente di Ramstein, in Germania, il 29 agosto 1988. Entrambi erano in servizio all'aeroporto militare di Grosseto. La sera della strage di Ustica erano in volo su uno degli F104 in quel momento in servizio e lanciarono l'allarme di emergenza generale. La loro testimonianza sarebbe forse stata utile anche alla luce di quanto emerso dagli interrogatori di un loro allievo, in volo su un altro F104, apparso ai giudici istruttori come terrorizzato, al ricordo di quanto avvenuto la sera del 27 giugno 1980. Ma è possibile pensare che qualcuno, per eliminare due testimoni (non si sa quanto scomodi), possa essere arrivato a pianificare un disastro come quello causato dalla collisione in volo tra i velivoli delle Frecce tricolori, impegnati in un'esibizione sul suolo straniero? Un incidente, giova ricordarlo, che causò 67 morti e 346 feriti. Lo schianto avvenne alla conclusione dell'esibizione (alla quale erano presenti circa 300 mila persone), quando i velivoli si apprestavano a eseguire una "cardioide": in cielo sarebbe dovuto apparire un grande cuore trafitto proprio di fronte agli spettatori. Dopo aver tracciato la figura nel cielo, le formazioni laterali (cinque velivoli da sinistra e quattro da destra) si avviavano a chiudere il "cuore" per il passaggio finale del solista, che, provenendo frontalmente, avrebbe dovuto "trafiggerlo" al centro, volando poi dritto verso gli spettatori.

Al momento dell'intersezione decisiva, l'altezza dei velivoli rispetto al suolo era di circa 40 metri. L'aereo solista, pilotato dal colonnello Nutarelli, in codice "Pony 10", eseguì la sua manovra troppo velocemente e a quota troppo bassa. Resosi conto di essere in grave anticipo, cercò presumibilmente di rallentare la picchiata estraendo il carrello d'atterraggio e l'aerofrenoventrale, "sporcando" così l'aerodinamica del velivolo e riducendone di fatto la velocità. Tuttavia, non riuscì a evitare l'impatto, giungendo fatalmente al punto d'intersezione della figura e colpendo di prua l'aereo del capoformazione, il colonnello Naldini. Quest'ultimo, nome in codice "Pony 1", tranciato in coda dall'impatto, cominciò ad avvitarsi senza controllo, urtando irrimediabilmente a sua volta anche l'aereo più vicino in basso a sinistra, quello del primo gregario sinistro, pilotato dal capitano Alessio, in codice "Pony 2".

Mentre "Pony 1" precipitava, Naldini tentò di farsi proiettare dal velivolo ma, a causa della quota insufficiente, il paracadute non si aprì in tempo e il pilota morì all'impatto col terreno. L'aereo si schiantò su una corsia stradale accanto alla pista, coinvolgendo l'elicottero medico e il suo pilota, il capitano Kim Strader, che morì in ospedale alcune settimane dopo a causa delle ferite riportate. Contemporaneamente, anche "Pony 2" precipitava, schiantandosi sulla pista, ed esplodendo a sua volta. Anche il capitano Alessio morì all'istante e frammenti dei velivoli finirono sparsi su tutta l'area circostante.

"Pony 10", del tutto fuori controllo e in fiamme, proseguì la caduta oscillando spaventosamente verso il suolo sino all'impatto, dove esplose e distrusse un veicolo della polizia. Ormai avvolto dal fuoco, il velivolo scivolò rovinosamente sull'erba davanti all'area del pubblico, finendo oltre una corsia di emergenza e investendo gli spettatori, per poi arrestarsi nell'urto contro un furgone dei gelati.

Il luogo dell'impatto iniziale veniva ritenuto il migliore disponibile per assistere alla manifestazione, essendo il più vicino all'area di volo e dunque alla minima distanza consentita al pubblico. Data la sua posizione centrale rispetto al resto della pista, il posto era anche il più affollato.

L'intera tragedia si compì in soli 7 secondi. Un lasso estremamente breve, a causa della bassa quota delle manovre, tale da rendere drammaticamente casuale o improbabile qualsiasi tentativo di fuga della folla dalla traiettorie dei rottami impazziti, delle schegge o del fuoco. I piloti sopravvissuti volarono in formazione nei pressi della base finché non fu ordinato loro di atterrare in una base Nato tedesca. Vista anche la dinamica, è altamente improbabile ricollegare la morte di Naldini e Nutarelli a un eventuale complotto per coprire la verità sulla strage di Ustica.

Torniamo alle altre morti considerate sospette. Il maresciallo Antonio Muzio venne ucciso il primo febbraio del 1991, in circostanze misteriose. Di lui si sa che era in servizio alla torre di controllo dell'aeroporto di Lamezia Terme nei giorni in cui il Mig libico precipitava sulla Sila. Un altro incidente stradale, il 2 febbraio 1992, si portò via il tenente colonnello Sandro Marcucci. Lui smentì sempre di aver informazioni sul caso del Dc9 dell'Itavia, ma il suo nome emerse nei verbali di interrogatorio di un altro testimone.

Anche il maresciallo Antonio Pagliara fu una delle vittime della strada, restando ucciso in uno scontro tra auto avvenuto sempre il 2 febbraio 1992. In servizio come controllore della Difesa aerea a Otranto, si diceva che avesse avuto informazioni sulla vicenda del Mig libico.

Vittima di un omicidio, avvenuto a Bruxelles il 12 gennaio 1993, fu il generale Roberto Boemio. Da sue precedenti dichiarazioni durante l'inchiesta, appare chiaro che "la sua testimonianza sarebbe stata di grande utilità", sia per determinare gli eventi inerenti al Dc9, sia per quelli del Mig libico. La magistratura belga non ha mai risolto il caso del suo assassinio. Il maggiore medico Gian Paolo Totaro venne invece trovato impiccato a un'altezza di poco superiore al metro il 2 novembre 1994. Le indagini partirono a causa dalla strana modalità d'impiccagione e si conclusero con la determinazione che si fosse trattato di un suicidio. Gian Paolo Totaro era in contatto con molti militari collegati agli eventi di Ustica, tra i quali lo stesso maresciallo di Bono Mario Dettori.

Bastano queste strane coincidenze a far ritenere che l'ex presidente Cossiga, morendo, si sia portato via la verità mai rivelata su Ustica? A voi lettori l'ardua sentenza.

Capitolo 20

Volubile a comando

Ai tempi del presidente picconatore, Giovanni Valentini su "Repubblica" scriveva che "di fronte alle continue esternazioni di Cossiga, negli ambienti politici romani cominciano a circolare i dubbi sulla salute mentale del presidente". Ma il primo a porre pubblicamente il problema era stato il suo vecchio amico Indro Montanelli: "Il punto debole di Cossiga", scriveva il direttore del "Giornale Nuovo" il 29 ottobre del 1989, quando il presidente era ancora "notaio", "è un altro: il suo sistema nervoso, cioé la fucina dei suoi umori. Cossiga appartiene a quella varietà di soggetti che gli psichiatri chiamano, se non sbaglio, ciclotimici, e che alternano fasi di depressione a fasi di euforia".

Soltanto qualche mese più tardi, nel numero del 17 marzo 1991, "L'Espresso" pubblicherà un intervento (per così dire "tecnico") del professor Paolo Pancheri, direttore della III cattedra di Clinica psichiatrica all'Università "La Sapienza" di Roma, con l'intento dichiarato di spiegare scientificamente in che cosa consistesse la ciclotimia, senza neppure attribuirla all'allora presidente della Repubblica.

Il senatore a vita sapeva bene che i suoi avversari politici solevano cavalcare il tema della sua presunta instabilità mentale. E amava prendersi gioco di loro, a volte assecondando quelle malignità, con estemporanee e studiate sfuriate, altre volte non esitando a parlare dell'argomento. È il caso di un'intervista rilasciata alla giornalista di "Repubblica" Concita De Gregorio, a proposito dei colpi bassi ricevuti nel corso della sua carriera politica: "L'agente segreto Francesco Pazienza, che non era un uomo della P2, ma dei servizi segreti, dicevano che lavorasse per i servizi francesi, era molto amico del nipote di Santovito. Un giorno lo contattarono i servizi segreti italiani, perché andasse a Hong Kong, in missione coperta. Quando arrivò nell'albergo dove doveva prendere il contatto, seppe che in quello stesso hotel stavo arrivando io, che ero presidente del Senato, in predicato per il Quirinale. Capì che il suo compito era quello di farsi fotografare accanto a me, e se ne andò. Di sicuro anche questa storia è nel dossier". Esisteva un dossier? "Quello del servizio segreto italiano su di me. Quello in cui si dice che andavo a fare l'elettroshock in Romania. Io, che in Romania ci andavo davvero, ma non certo a fare l'elettroshock. E nemmeno ero in cura da quel famoso psichiatra di Pisa, che ho sentito al telefono una sola volta, per un amico. E neppure faccio uso di litio. Di farmaci anti-depressivi sì, visto che ho avuto periodi di depressione. Ma tra essere depresso ed essere pazzo c'è differenza. Questa faccenda della mia pazzia l'hanno messa in giro i miei colleghi democristiani, e questo mi diverte molto. Quando ero presidente della Repubblica si facevano riunioni per decidere se sottopormi a perizia psichiatrica. Ma io parlavo così perché, non avendo dietro nessuno del mio partito, o usavo quel linguaggio o nessuno sarebbe stato a sentirmi". Il piccone usato anche come grimaldello, insomma. "Un espediente per dire sempre la verità ad alta voce. Io non parlo mai a sproposito, credetemi. Ho buona memoria e una certa esperienza di vita. Se dico che la massoneria in Italia sta riacquistando vigore, ho gli elementi per farlo. Inoltre, vengo dalla politica e so cosa sia. Non siamo rimasti in tanti con questo curriculum".

Nel famoso libro-intervista con Claudio Sabelli Fioretti, del quale abbiamo già ricordato la domanda iniziale dell'autore ("Presidente, lei è matto?"), Cossiga parla dell'argomento con una naturalezza disarmante: "Chiariamo una cosa. Era "matto" anche Erasmo da Rotterdam e lo era anche Tommaso Moro, che tutti credevano stesse scherzando e per rimanere fedele alla Chiesa cattolica si è fatto tagliare la testa dopo aver raggiunto l'apice del "cursus honorum" di un cittadino inglese dell'epoca. La follia è un ingrediente necessario dell'intelligenza. Così come bisogna distinguere tra colti ed eruditi: gli eruditi sono quelli che hanno letto molto, i colti sono quelli che hanno letto e hanno dimenticato quello che hanno letto mantenendone il concetto e soprattutto il senso universale. Io sono evoluto. Io soffro e ho sofferto di depressione. Vuole che le faccia un elenco dei grandi depressi della storia? Churchill, Roosevelt, Newton, Kafka, Dostojewsky. Mi sono montato la testa, a paragonarmi con questi? La depressione può colpire solo persone molto intelligenti. Allora: sapete come è nata la voce della mia follia quando ero presidente della Repubblica? È vero, io facevo cose un po' strambe. Ma perché le facevo? Perché non avevo dietro di me potentati economici, né potentati politici, né potentati culturali. Ero stato abbandonato anche dalla Dc. Per farmi ascoltare dovevo fare follie, dovevo dire cose che avevano la forma della follia. Quello che per anni è stato il mio avversario ideologico, Luciano Violante, in un libro ha detto che avevo previsto tutto rispetto a loro e che loro non vollero credermi. Come tutti i depressi io però avevo una grande lucidità intellettuale. Si dice che Newton abbia scoperto la legge di gravitazione universale durante una crisi di depressione. Ho fatto anche il matto. Per attirare l'attenzione, quando non mi stava a sentire nessuno. Vuole sapere l'origine storica di questa diceria su di me? Quando ero ministro degli Interni sono stato messo subito sotto controllo telefonico, fisico e ambientale dal servizio segreto militare. Volevano sapere cosa si facesse al Ministero. E poi, siccome ero cugino di Enrico Berlinguer, mi consideravano abbastanza pericoloso. In seguito sono diventato presidente del Senato e si è capito che ero sulla via per diventare presidente della Repubblica. Hanno fatto in modo di farmi sapere che ero spiato. Mi spiarono anche quando non volevano che andassi in Romania, rompendo la convenzione che vietava ai ministri degli Interni e della Difesa di andare oltre la cortina di ferro. A romperla non fui io, ma il governo. Ceausescu trescava con gli americani, gli americani mi chiesero di andarci. A quei tempi Ceausescu era buono. I suoi lo hanno ammazzato per dire che era cattivissimo. Andai anche a visitare la famosa clinica della dottoressa Aslan, quella del Gerovital. Uscì la notizia che ero andato là per farmi l'elettroshock. A farla uscire fu Ciriaco De Mita, appena diventato presidente del Consiglio. Fu lui a telefonare ai giornali e a farla pubblicare. Con lui non ne ho mai parlato, ma tutte le volte che De Mita vede mio figlio lo prende sotto braccio e gli dice: "Sai Peppino, tuo padre mi accusa di queste cose. Ma non è vero". E invece è vero. Sapete che arruolavano anche esperti in materia per fargli fare analisi a distanza sul mio stato di salute psichico? Uno di loro andò vicino alla verità. Disse: "Non è matto, ci fa". Sapete che l'eutimico, che sarebbe il perfetto normale, è il cretino. Il perfetto equilibrato è il cretino. Sono anche stato un "pillolaro". Ma è perché sono stato gravemente ammalato più volte e ho avuto due anestesie totali. In sette anni ho affrontato quattro operazioni molto delicate e gravi, è un mistero come io sia ancora vivo".

Ma Sabelli Fioretti insisteva e voleva sapere se l'ormai senatore a vita fosse guarito dalla depressione. "È un disturbo dal quale si guarisce sempre. Anche senza medicine e senza sostegno psicoterapico. Le medicine e il sostegno psicoterapico servono solo per far soffrire di meno e abbreviare la malattia. Non capisce che cosa sia la depressione chi non l'ha mai avuta e chi non l'ha mai curata, chi non l'ha vissuta con un depresso. Io ho avuto un momento pessimo. Insonnia, idee ossessive, i numeri, i nomi. Come si chiamava quella che mi ha fatto l'intervista? Qual è il numero del telefono di mio figlio? Ma l'ossessività è anche la caratteristica del genio, perché il genio non pensa che a quello e non riesce a pensare ad altro. Ma io non sono un genio. Dopo che hanno ucciso Moro sono stato depresso. Mi vennero i capelli bianchi. Mi svegliavo di notte urlando che ero stato io ad ucciderlo, il che era "attualmente" vero. Ero stato io a rappresentare con durezza la linea dell'intransigenza. E sapevo che la linea dell'intransigenza avrebbe portato quasi certamente all'uccisione di Moro. Quelli erano cattivi. Nella loro mentalità vetero-leninista-stalinista-astorica dovevano dimostrare la propria credibilità con l'intransigenza anche "teatrale", la prigione del popolo, il giudizio. Non capirono che ci avrebbero messo in braghe di tela, noi e il Pci, se dopo l'appello di Paolo VI lo avessero liberato. Non sono mai andato in analisi psicanalitica. Sono un antifreudiano, preferisco Jung, che faceva l'analisi psico-azionale-esistenziale. Ho fatto la psicoterapia. Però ero troppo bravo e a un certo punto il mio psichiatra ha detto: "Ma lei sta facendo la terapia a me o io a lei?". Mi disse anche che sarei stato un bravo psichiatra. Ma una volta mi sono fatto psicanalizzare da Alessia Marcuzzi, per le Iene. Mi telefonò Ricci e mi disse: "Senta, se io le mandassi Alessia Marcuzzi per psicanalizzarla". Venne Alessia, era vestita di nero con la cravatta, brutta, tanto che poi io gliene regalai una e lei mi ha detto che ce l'ha in una teca. Mi mette su questo lettino… lampade…e lei fu brava. Io poi le dissi: "Ma senta, queste domande le ha inventate lei o gliene hanno preparate?". E lei mentì e mi disse che le aveva inventate lei. Poverina, era triste. Io le dissi: "Perché è così triste?" E lei: "Non so se sposarmi". "Nel dubbio non ci si sposa". "Ma è il padre del mio bambino". "Non è un motivo sufficiente". "Lei parla come mio padre e come mia madre". Comunque l'analisi della Marcuzzi fu ottima. In seguito è stata pubblicata in un libro dell'Einaudi".

C'è chi quella, presunta, instabilità non esitò a rinfacciargliela anche da morto: è il caso del fondatore di Repubblica Eugenio Scalfari, che il giorno successivo alla scomparsa dell'ex presidente ne tracciò un ricordo sinistro. Diceva più o meno così: "Il politico democristiano, che soffriva di disturbi dell'umore, era un uomo di grande intelligenza, appoggiata tuttavia a una piattaforma psichica del tutto instabile. Questo l'ha reso discutibilmente adeguato ai ruoli istituzionali che ha ricoperto".

In difesa della memoria dell'ex presidente, dopo quelle critiche apparse così fuori luogo, scese immediatamente in campo Giuliano Ferrara, in un lungo articolo pubblicato su "Panorama": "La pazzia di Francesco Cossiga era gloriosa, cattolica, universale, machiavellica, barbarica; era l'unico patrimonio culturale di tipo personale che in tanti anni abbia espresso il potere italiano, e in forma sontuosa, efficace, angelica e diabolica – argomentò il direttore del "Foglio" – ma Eugenio Scalfari, scrivendo in morte di questo grande presidente, ha derubricato il tutto a materia depressiva, sindrome bipolare ed escandescenze o silenzi da eccesso farmacologico: una diagnosi tanto stitica, tanto ingenerosa, non poteva che venire in mente a un uomo risentito per le voluttuose perfidie che lui stesso e la "nota lobby" avevano rimediato da Cossiga in cambio dei loro attacchi politici e personali, del loro tentativo di demolire il compagno segreto della crisi del loro establishment e della stessa Repubblica. È noto infatti che Cossiga diventò il "Matto di se stesso", il fool shakesperiano del re Lear, quando si accorse che era un re senza buffone a disposizione, senza sbocco libero e veritiero nei giornali e in tv, e che era quello l'unico modo di non farsi manipolare, spremere e infine annientare dalla classe dirigente della prima Repubblica morente e dei suoi ambigui e tracotanti poteri forti, quel sistema di colpe intrecciate e di conflitti mal dissimulati che cominciò a crollare negli ultimi giorni della presidenza impazzita, "l'infausto settennio", come lui lo chiamava. Chi frequentò in quei due ultimi anni fantastici e una punta grotteschi il Quirinale, chi mangiò al suo desco mattiniero e ascoltò le sue geremiadi non piagnone, sa quel che fece Cossiga: si mise davanti a se stesso e si disse, nelle sembianze del saltimbanco di corte, ispirandosi al Re Lear: "Adesso sei uno zero senza cifre davanti (an 0 without a figure). Sono meglio io di te adesso; io sono un matto, e tu sei nulla".

Paolo Guzzanti, il giornalista che più gli fu vicino nell'ultimo biennio al Quirinale, l'ha rievocato così: "Ognuno ne ricorderà un aspetto. Il mio ricordo è di un uomo onesto, fantasioso, un cavaliere errante pieno di visioni fantastiche che ha unito letteratura e poesia. Io non ho mai creduto fosse matto. Quando "La Stampa", per cui lavoravo, e "L'Espresso" hanno tirato in ballo l'idea che fosse malato e andasse sostituito da un comitato di garanti io non ero d'accordo. Cossiga non è mai stato matto. Lui lo sapeva e anzi si è fatto furbo, ha usato questo suo stile bizzarro come strumento di comunicazione e come mezzo per giustificare molte sue azioni stravaganti e discutibili. Come quando decise che avrebbe picconato il sistema politico. Non era follia, quella. Ma un'intuizione. Sapeva che il sistema era malato e i partiti pure. Era convinto che il sistema politico di allora fosse legato alla guerra fredda e che, una volta finita, i partiti politici italiani sarebbero crollati. Disse qualcosa che non piaceva ai suoi nemici e nemmeno agli amici. Si sbagliava? L'attualità politica dice di no".

Matto o no, Cossiga sapeva incidere. Come pochi altri politici hanno saputo fare.

Capitolo 21
Zombie coi baffi

I due mesi a cavallo tra il 1991 e il 1992 sono stati i più drammatici della permanenza di Cossiga al Quirinale. Lo scontro con la politica si fece pressoché totale, visto che a schierarsi più o meno ufficialmente contro le esternazioni   del capo dello Stato non era più solo il Pds di Occhetto ma anche parte della Dc (da De Mita a Gava, con il silenzioso assenso del presidente del Consiglio Giulio Andreotti) e del Psi, senza scordare il Pri. Vistosi accerchiato, a fine novembre del 1991, il presidente Cossiga era arrivato alla provocazione più alta: "Mi vogliono mettere in stato di accusa di fronte al Parlamento, rimuovermi, chiedere la mia interdizione? Io non rispondo a loro, al massimo rispondo ai carabinieri".

Ai primi di dicembre accadde qualcosa di inaspettato: il Cocer (l'organo di rappresentanza dei Carabinieri, sprovvisti di organi sindacali, in quanto Arma dell'Esercito) manifestò aperto sostegno nei confronti del capo dello Stato attraverso un comunicato pubblico, giurandogli fedeltà.

Un atto che il segretario del Pds Achille Occhetto si spinse a giudicare "un'anticamera del colpo di Stato, una roba da Repubblica sudamericana, un infortunio indotto dall'atteggiamento irresponsabile di un presidente che ormai non rispetta più il dettato costituzionale".

Concetti che il leader della Quercia ebbe occasione di ribadire nel corso del programma di Rai Tre Samarcanda, condotto da Michele Santoro, che in quel 1992 era un'arena politica capace di rendere ancora più vibrante il dibattito: "Cossiga è ormai un'anomalia, un problema per il Paese, un arbitro che fischia contro tutti, facendosi beffe delle regole e coinvolgendo nel dibattito politico addirittura le forze dell'ordine. Io ho sofferto a stigmatizzare il comunicato con il quale il Cocer si è inserito in un ambito che è proprio delle forze democratiche e non dei Carabinieri. Ma, a loro esimente, devo dire che è sotto gli occhi di tutti la maniera in cui il capo dello Stato ha inteso sobillarli".

Fu una trasmissione molto seguita (una media di 5 milioni di spettatori, con punte di 7), nel corso della quale Santoro evocò più volte la possibilità che il presidente della Repubblica intervenisse pubblicamente per replicare alle accuse che gli venivano mosse. Cossiga, invece, non telefonò. Lo aveva fatto la settimana precedente, quando non era però riuscito a mettersi in collegamento con lo studio. Non telefonò a Santoro, ma riuscì comunque a prendersi un pezzo di scena, intervenendo in diretta (circa un'ora e mezza dopo) alla trasmissione "Linea diretta" di Sandro Curzi. Disse di aver seguito Samarcanda e i discorsi di Occhetto, ma precisò di non voler replicare. Prima di accomiatarsi non rinunciò a un'ultima provocazione: "Vedrete che quando io non sarò più presidente della Repubblica i problemi dell'Italia si risolveranno d'incanto".

L'occasione per replicare a Occhetto e agli altri partiti che prendevano le distanze da lui non gli mancò. Il presidente seppe attenderla e sfruttarla con l'abilità del grande comunicatore, facendola precedere da un appello provocatorio: "Quando gli italiani andranno alle urne li invito a scegliere tra me e il Pds".

Era il pomeriggio del 23 gennaio 1992 e il capo dello Stato era reduce da una visita all'ospedale San Giovanni, nel corso della quale aveva portato la sua solidarietà a due ragazzi nord africani accoltellati nei giorni precedenti a Roma. Subito dopo si trasferì a palazzo Altieri, nella sede dell'Associazione bancaria, per partecipare alla commemorazione dell'ex ministro Franco Piga, nel primo anniversario dalla morte.

Nell'affollata sala delle udienze i relatori aspettavano. Cossiga era nell'anticamera, sommerso dai giornalisti, con il piccone in mano. Si rese protagonista di un'esternazione cercata, visto che a un certo punto, per parlare "dell'amico Gava", tirò fuori due fogli scritti a penna: "C'è qualcuno che vorrebbe anestetizzarmi". Poi passò al segretario del Pds: "Occhetto ormai sembra voglia far rivivere le cose più abbiette e più volgari del paleostalinismo e pertanto da oggi in poi può essere chiamato lo zombie con i baffi". Un soprannome che divenne quasi un marchio dal quale ancora oggi l'onorevole Occhetto fatica ad affrancarsi.

Cossiga se la prendeva con il leader della Quercia anche per le accuse agli scissionisti di Rifondazione comunista, che non lo avevano seguito nel passaggio dal Pci al Pds. Così, dopo aver ricevuto al Quirinale Cossutta e Garavini, presidente e segretario di Rifondazione, il capo dello Stato ironizzò: "Scusate, ma devo andare a prendere i danari da Craxi. Nell'ordine mi trovo dopo Cossutta e Libertini, prima di Mattioli e Borghini". Evidente un nuovo riferimento polemico a Occhetto, che accusava i rifondatori del comunismo di essere quasi una quinta colonna del Psi, che mal tollerava la concorrenza di un altro partito riformista a sinistra.

Come detto, ne prese di santa ragione anche il ministro Gava, che in quelle ore aveva sottolineato come non si potesse pretendere il silenzio del segretario del Pds: "La dichiarazione dell'amico Gava si basa su una lettura erronea di quello che ho detto: non so se erronea volutamente o per piaggeria nei confronti del Pds". Secondo Cossiga il leader del grande centro Dc puntava a ottenere la benevolenza dell'ex Pci: "D'ora in poi nessuno infierirà su di lui chiamandolo boss e figlio di boss, camorrista e amico di camorristi, come per anni hanno fatto i comunisti. Nessuno insinua che, a differenza di quanto fatto per Moro, egli con altri suoi amici abbia trattato con le Br tramite la camorra per salvare il suo amico Ciro Cirillo. Calunnie e falsità dalle quali peraltro io l'ho sempre difeso". Cossiga ritornò poi su Occhetto: "Non ho mai intimato né al Pds né allo zombie con i baffi, cioé a quel poveretto dell'onorevole Occhetto, di non parlare. Non ho neanche intimato di non attaccare il presidente della Repubblica. Anzi in qualità di democratico e di sinistra mi auguro vivamente che lo faccia".

Se lo avesse davvero fatto, secondo Cossiga, si sarebbe dimostrato "che Occhetto farebbe meglio ad andare a zappare e a cogliere margherite. Ma mi fa un po' schifo pensare che la terra possa essere violata e le margherite colte dalle manacce degli zombie con i baffi". Tanto per gradire.

Poi toccò a Giorgio La Malfa, con cui pure aveva un buon rapporto, cementato dagli anni trascorsi assieme al governo, quando il futuro segretario del Pri era ministro del Bilancio e Cossiga stava a Palazzo Chigi. Il capo del partito dell'Edera si era arrabbiato per il messaggio rivolto dal capo dello Stato al Movimento sociale italiano. Per tutta risposta dovette incassare una sonora replica: "Io non prendo lezioni di antifascismo da La Malfa, anche perché non ho l'abitudine di sputare nel piatto nel quale mangio, come fa lui". Infine uno scappellotto per Altissimo, che aveva criticato le frequentazioni di Cossiga: "La compagnia di cui mi circondo più spesso è la sua, dato che sono stato più volte da lui invitato a cena a casa Altissimo". L'esternazione sembrava finita ma qualcuno lo stuzzicò, chiedendo se sarebbe stata l'ultima: "Io non debbo partecipare alla campagna elettorale per le elezioni. Ma se il Pds continuerà ad attaccarmi con le solite baggianate di Gladio, del piano Solo, della P2, e dell'impeachment, io difenderò il mio ufficio colpo su colpo, alla tv, sui giornali, nelle piazze, in modo da recargli il massimo danno e il minimo vantaggio".

Una dichiarazione di guerra? Non si è mai saputo come l'abbiano davvero interpretata in via delle Botteghe Oscure. Ma è certo che da quel giorno, pur in presenza di quel terribile soprannome, Occhetto diraderà i suoi attacchi al capo dello Stato. Le elezioni politiche si svolsero in un clima di sostanziale tranquillità e Cossiga, come promesso riservatamente ai segretari dei maggiori partiti, lasciò il Colle con un mese e mezzo d'anticipo, per evitare l'ingorgo istituzionale.

Il giorno dopo la morte dell'ex presidente, Achille Occhetto rilasciò dichiarazioni e interviste concilianti: "A quasi vent'anni di distanza posso confessare che la questione del soprannome, alla quale tutti hanno dato sempre una grande importanza, mi divertì molto, tanto che ci scherzavo pure sopra, chiamandomi da solo zombie coi baffi. La cosa carina è che un giorno Cossiga mi telefonò per dirmi una cosa che mi fece molto ridere. E dico questo per far capire la simpatia dell'uomo, al di là delle sue posizioni politiche che, ovviamente, non condividevo. In quella telefonata mi disse più o meno così: "Guarda Achille, mia figlia Annamaria mi ha molto rimproverato per averti definito zombie coi baffi. Perché vedi, papà, se dicessero qualcosa di simile a te io ci resterei male. E anche Occhetto ha dei figli che potrebbero essere rimasti male per come hai chiamato il loro padre". Un gesto che ho ritenuto simpatico e sincero".

Chiaro che è impossibile scordare che i due erano stati soprattutto avversari: "Francesco Cossiga mi è parso un uomo politico complicato, con delle luci e delle ombre – disse Occhetto – tra le luci metterei sicuramente il fatto che fu l'unico politico della Democrazia cristiana a capire che con il 1989 e il crollo del Muro di Berlino cambiava la geopolitica del mondo e che quindi anche la stessa Dc non poteva più restare al centro della politica italiana come aveva fatto per 45 anni. E questa sua comprensione della realtà di allora gli fece apprezzare pure la svolta della Bolognina. Ricordo che ne fece l'elogio dicendo che io, in questo modo, avevo salvato il Pci, portando i comunisti al governo".

Per Occhetto, come detto, c'erano anche delle ombre: "Da presidente della Repubblica, per esempio, si è mosso in contraddizione con quel suo elogio alla svolta della Bolognina e con ciò che aveva detto nel 1989, operando per inciuci e accordi trasversali fatti per ingannare la chiara logica bipolare che era nata. Da capo dello Stato si è mosso al di fuori del recinto istituzionale tracciato dalla Costituzione, con un atteggiamento pratico che di fatto ha aperto la strada alla deriva presidenzialista nel nostro Paese. Dopo le rivelazioni su Gladio, un'altra ombra, io proposi per la prima volta la richiesta di impeachment".

Il riavvicinamento tra i due iniziò già tra il 1993 e il 1994. A dirlo, un anno dopo aver lasciato il Quirinale, fu lo stesso ex presidente. "Non trovavo contrasti nell'auspicare e nell'operare per il definitivo ingresso del Partito comunista (a me piace tuttora chiamarlo così, non trovando nella storia dell'Italia nulla di indegno in questo nome, perché debba essere cancellato) nel circuito vivo del governo del Paese, a ogni livello e in ogni forma". Pensieri contenuti in una lunga postfazione al volume "Il torto e il diritto, quasi un'antologia personale", a cura di Pasquale Chessa, edito da Mondadori. Il libro raccoglieva discorsi e scritti dell'ex presidente della Repubblica, riferibili al periodo del suo settennato al Quirinale. Nella postfazione Cossiga teneva a precisare che lo scopo delle sue esternazioni era quello di realizzare la "democrazia compiuta", cioé la perfetta alternanza di governo fra maggioranza e opposizione.

Ecco perché il presidente della Repubblica più odiato dalla sinistra, il presidente di Gladio accusato di golpismo se non di stragismo, presentava se stesso quasi come un estimatore del Pci, desideroso di considerare Occhetto come "il capo dell'opposizione di Sua Maestà". E quindi pronto ad affidargli addirittura l'incarico di formare il governo.

Scrive Cossiga: "Al declino della Costituzione del 1948 occorreva rispondere con una grande stagione di forti riforme. Di qui il tentativo non di distruggere ciò che già crollava ma, scrostandone l'intonaco, di far vedere le crepe penose di una costruzione, in modo tale che si ponesse mano al lavoro, a evitare un crollo rovinoso".

Non solo macerie, quindi, ma una volontà di ricostruzione. Solo che i tempi avrebbero dovuto essere più lunghi, magari un secondo settennato, per dare corso ai progetti enunciati: "Avevo tentato qualche gesto e altri ne avevo in mente: il conferimento dell'incarico per la formazione del governo al segretario del Pds Achille Occhetto, quale capo dell'opposizione, in alternativa ai parimenti progettati incarichi al leader del Psi Bettino Craxi, e della Dc Mino Martinazzoli". Cossiga teneva a ricordare il suo profilo di innovatore: solo le circostanze e le asprezze del contrasto politico gli avevano impedito di essere il De Gaulle italiano, o almeno il "traghettatore", come si direbbe oggi, dalla prima alla seconda Repubblica.

Il suo predecessore Sandro Pertini era un conservatore sul piano istituzionale, legato al mito fondante della Repubblica. Ma sul terreno della prassi fu un riformatore: gli incarichi a Spadolini e a Bettino Craxi furono opera sua. Il settennato di Cossiga porta invece un marchio opposto: fortemente innovatore sul piano teorico, proteso a delineare i confini isituzionali della seconda Repubblica, anche in anticipo sui tempi. Ma in pratica a Palazzo Chigi si alternarono Goria, De Mita e Andreotti. Alla fine sarebbe arrivato Craxi, senza l'inciampo delle elezioni del 5 aprile.

Eppure Cossiga, al di là delle sue contraddizioni, è stato davvero un presidente riformatore. Forse non avrebbe dato l'incarico a Occhetto, tuttavia aveva capito dov'erano le radici del malanno italiano. Ne aveva fatto la diagnosi e descritto la terapia, fra un paradosso e l'altro. E nel 1993 pretendeva, a buon diritto, che gliene fosse dato atto.

Nel 1994 il leader del Pds Achille Occhetto arrivò a dettare alle agenzie un comunicato, nel quale dava ragione all'ex presidente Cossiga che, all'inizio della campagna elettorale per le elezioni politiche poi vinte da Berlusconi, aveva lanciato l'allarme sui "pericoli" ancora esistenti riguardo all'attività dei servizi segreti.

"Il senatore Cossiga – affermava Occhetto – ha ben compreso. La mia allarmata attenzione, la mia denuncia e le mie richieste di chiarimento non sono rivolte a lui e alle sue iniziative ma riguardano fondamentali esigenze di trasparenza e sicurezza democratica in un paese dove il "secondo Stato" ha pesato in modo tanto perverso. Lo ripeto: non si può entrare tranquilli nella seconda fase della Repubblica se queste esigenze non vengono finalmente e pienamente soddisfatte. Sono contento del fatto che il presidente Cossiga condivida le mie preoccupazioni".

Il disgelo era ormai avviato.

Indice